Robert de Caluwé
Motive der Ikonenmalerei

rosenheimer raritäten

Robert de Caluwé

Motive der IKONENMALEREI

MODELLSAMMLUNG UND DETAILS

Aus dem Finnischen übersetzt
von
Hans Balfer

rosenheimer

© 1987 ISBN 3-475-52550-X

Dieses Buch erscheint in der Reihe »Rosenheimer Raritäten« im Rosenheimer Verlagshaus Alfred Förg GmbH & Co. KG, Rosenheim. Druck und Bindung Kösel GmbH, Kempten, die Reproduktionen fertigte Kodweiß & Fröhlich, München.
Das Buch gestaltete Friderun Thiel, Ismaning, den Umschlag Ulrich Eichberger, Innsbruck.
Das Titelmotiv zeigt den Propheten Jona, der vom Engel des Herrn aus dem Bauch eines großen Fischs errettet wird (Ikone von Pirkko Kuokkanen). Soweit nicht anders angegeben, wurden alle Ikonen bzw. Randikonen des Tafelteils vom Autor gemalt. Die Veröffentlichung verschiedener Vorzeichnungen der Modellsammlung erfolgt mit freundlicher Genehmigung der Universität Helsinki.

Inhalt

Vorwort zur deutschen Ausgabe

Das vorliegende Buch entstand aus kleineren Schriften Pater Robert de Caluwés, die in den letzten Jahren in Finnland erschienen sind. Sie hatten sich im Laufe seiner Ikonenmalkurse in Nordeuropa und den Niederlanden als notwendige und hilfreiche Arbeitsunterlagen bewährt.
Obwohl sich das Buch in erster Linie an Interessenten wendet, die die Ikonenmalerei praktisch ausüben wollen, wird es auch dem einfachen Liebhaber von Ikonen reizvolle Möglichkeiten eröffnen, seine Betrachtungen zu vertiefen.

Die Sammlung der Ikonenmodelle soll Unsicherheiten in Fragen der Komposition, der Auswahl der Farben sowie der Details (z.B. Schrifttexte) überwinden helfen. Aus der ursprünglichen Sammlung mußte eine Auswahl getroffen werden, wobei folgende Gesichtspunkte maßgebend waren:

- Vertrautheit mit den Personen und Geschehnissen im westlichen Kulturkreis;
- theologische und künstlerische Unverzichtbarkeit mancher Ikonenthemen und -kompositionen, die häufig kopiert und variiert wurden;
- ein ausreichender Überblick über unterschiedliche Kompositionsvorlagen zu einem bestimmten Ikonentyp;
- die kompositorische Geschlossenheit oder Schwierigkeit bestimmter Varianten.

Die Modellsammlung kann natürlich ein Studium guter alter Ikonen nicht ersetzen, aber sie vermag sowohl für die Anlage als auch für das Erlernen des »Komponierens« einer Ikone wertvolle Hilfe zu leisten.
Die Detailsammlung erlaubt mit ihrer Vielzahl klarer Federzeichnungen und theologischer wie historischer Bemerkungen ein genaueres Studium der Einzelheiten des Ikonenhintergrundes. Gerade hier stößt man ja oft auf Dinge, die von ihrer Bedeutung und Malweise her unverständlich und rätselhaft erscheinen. Die Sammlung schafft durch den Vergleich der verschiedenen Modelle auch einen schärferen Blick für die unterschiedlichen Gestaltungsmöglichkeiten.

Hans Balfer

ERSTER TEIL

MODELLSAMMLUNG

Vorwort des Verfassers

Diese Modellsammlung ist als Hilfsmittel für Ikonenmaler gedacht. Die Inschriften sind fast alle in kirchenslawischer Sprache abgefaßt, weil der größte Teil der Modelle aus diesem Kulturgebiet stammt. Auf manchen Modellen findet man einen Text in griechischer Sprache, in diesen Fällen handelt es sich um griechische Ikonenmodelle. Gewiß kann man die Inschriften auch ins Deutsche übersetzen.

Wenn das Ikonenmodell aus dem slawischen Bereich stammt, folgt man in der Beschriftung des Heiligenscheins Christi dem slawischen Brauch – im Oberteil des Kreuzes *Ω*, links *ω* , rechts *N*. Ist es jedoch ein griechisches, schreibt man fast immer oben *ω*, links *O* und rechts *N* . Bei beiden Schreibweisen erhält das *O* einen Spiritus asper (c) und das *ω* einen Zirkumflex (~), während das *N* ohne Akzent und Spiritus bleibt. *ό ῶN* bedeutet »der Seiende«, »der da ist«.

Glossar

Himation	Oberkleid, Mantel (Christi); darunter ein
Chiton	Untergewand
Maphorion	Obergewand der Gottesmutter; darunter Chiton
Obergewand	der Mönche – Mantel, darunter Chiton oder Leinenkleid
Clavus	(Plural *Clavi*) farbige, auf das Untergewand aufgenähte Streifen, die beiderseits vorne und hinten von den Schultern bis zum Fußsaum des Kleides verlaufen
Schema	Ehrenzeichen der Schemamönche, das aus einem langen breiten, vorne und hinten herabfallenden, oft geschmückten Stoffstück besteht
Omophorion	zur liturgischen Gewandung des Bischofs gehörendes breites und langes Stoffband, gewöhnlich weiß und mit drei großen schwarzen Kreuzen geschmückt
Phelonion	mantelartiges Meßgewand des orthodoxen Priesters

STR – Ikonenmaler-Handbuch der Familie Stroganoff, Slawisches Institut der Universität München, München 1965

Christus-Ikonen

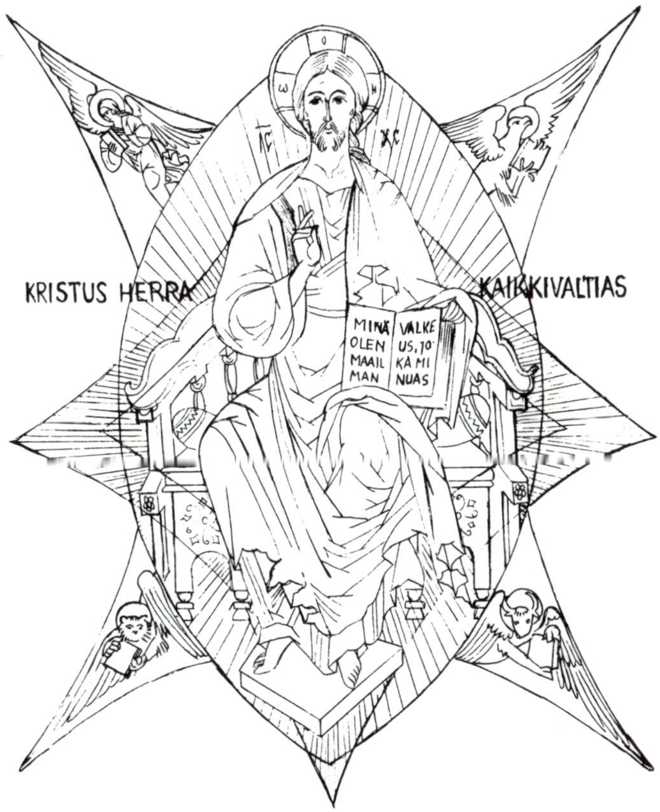

Christus, allmächtiger Herr

Das Gewand des Pantokrators ist völlig weiß. Die Lichtspitzen, in denen man die Symbole der vier Evangelisten sieht, werden rot ausgeführt. Die ovale Mandorla ist dunkelblau. Hierhin kann man auch die geflügelten Cherubime malen. Die viereckige Innenmandorla ist rot zu halten, in sie gehört der Thron in Aufhellungstechnik.

Text des geöffneten Buches: Johannes 8,12

Wenn Christus ein geöffnetes Buch in der Hand hält, sind die Texte folgende:

- Christus-Pantokrator: Johannes 8,12
- Christus, der Lebensspender: Johannes 6,35
- Christus-Emmanuel: Lukas 4,18
- Christus der Hohepriester: Johannes 10,11
- Christus mit den Aposteln: Lukas 10,19
- Christus mit den Bischöfen: Matthäus 5,14
- Christus mit den Märtyrern: Matthäus 10,32
- Christus mit den Eremiten: Matthäus 11,28
- Christus mit den Ärzten: Matthäus 10,8

Wenn sich die Christus-Ikone über der Türe befindet: Johannes 10,9, wenn sie sich auf der Friedhofstüre findet: Lukas 11,25

Andere Texte: Matthäus 6,33; Johannes 14,6; Matthäus 28,20; Matthäus 7,7; Johannes 13,34 oder Johannes 8,31

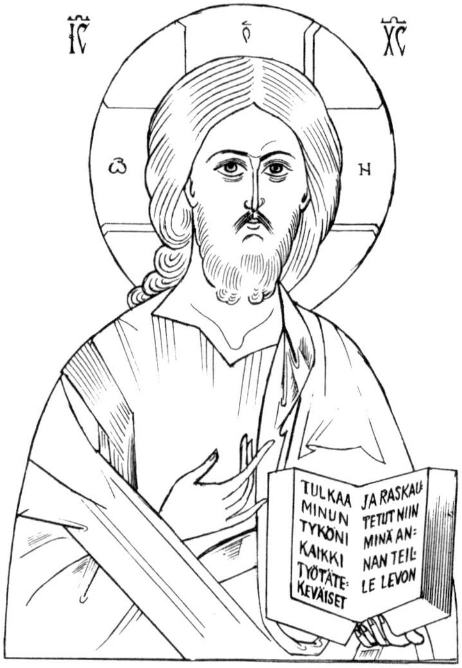

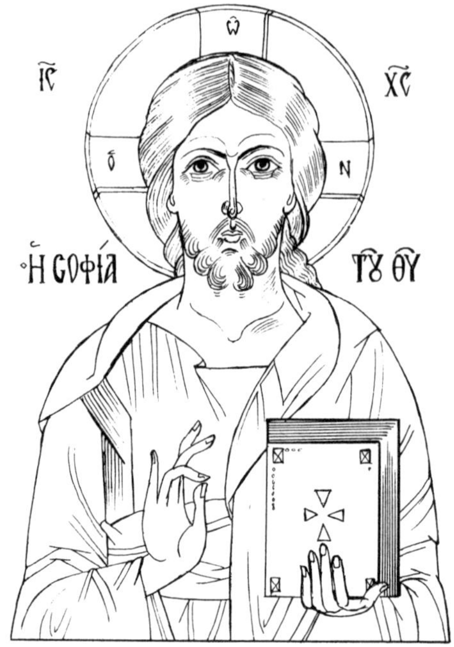

Christus-Pantokrator
Oberkleid blau, Unterkleid rot
Text im Buch: »Kommt alle zu mir, die ihr Mühe habt und beladen seid; Ich werde euch Erleichterung verschaffen.«

Christus, die Weisheit Gottes
Mantel dunkelblau, Unterkleid rot. Die Ikone stammt aus Griechenland, darum griechische Beschriftung des Heiligenscheins.

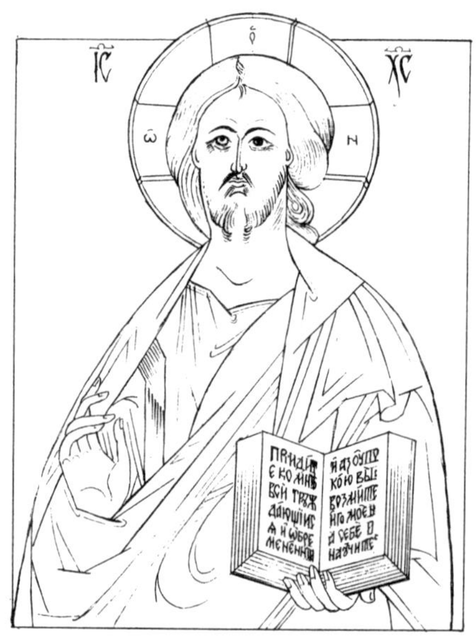

Christus-Pantokrator
Farben wie voriges Modell; Text: Matthäus 11,28

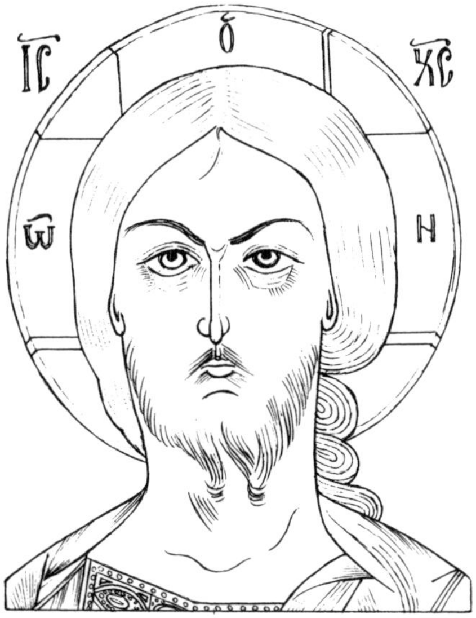

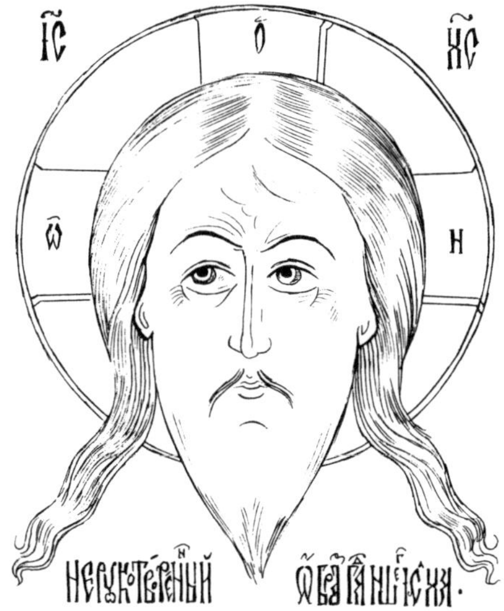

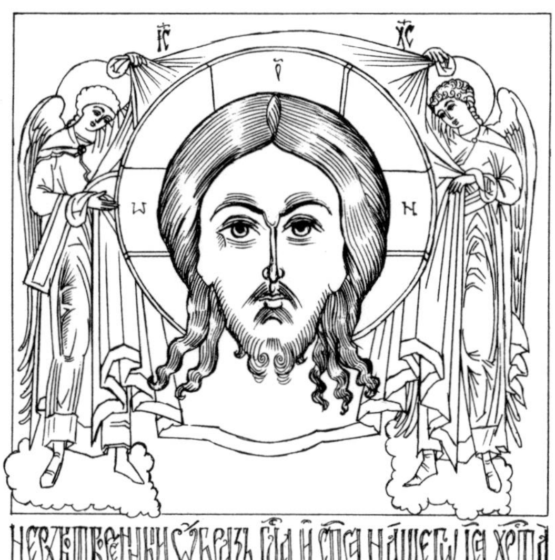

Christus, der feurige Blick
Oberkleid blau, Unterkleid rot

Mandylion-Ikone
auch: Christus mit dem nassen Bart
Der Text entspricht mit vielen Kürzeln dem der Abb. unten

Mandylion-Ikone
Hier lautet der vollständige Text unter der Ikone: »Das nicht von Menschenhand gemalte Bild unseres Herrn Jesus Christus«

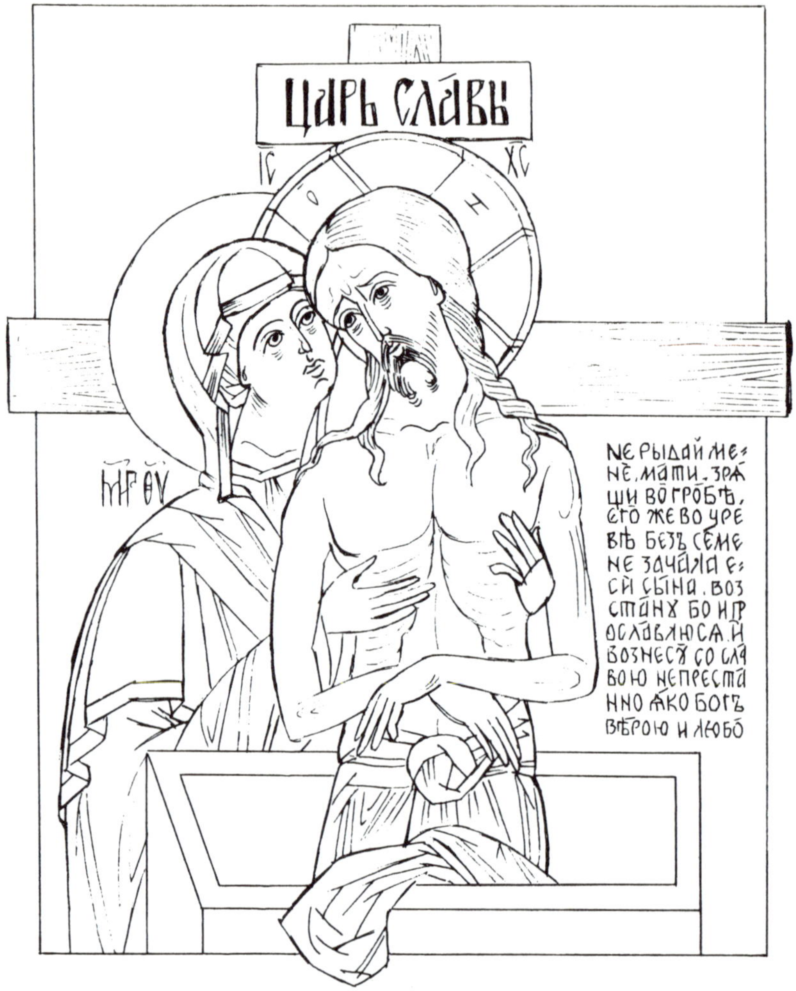

Weine nicht über mich, Mutter
Maphorion der Gottesmutter dunkelrot, Kreuz dunkel (schwarz); Leintuch Christi weiß (es kann an den Rändern verziert sein)
Text: 9. Gesang des Karsamstagskanons: »Weine nicht über mich, meine Mutter, wenn du deinen Sohn im Grabe siehst, den du in deinem jungfräulichen Schoß getragen hast. Denn ich werde auferstehen und in meine Herrlichkeit kommen und werde als Gott nicht aufhören, jene in diese Herrlichkeit emporzuheben, die dich in Liebe und Vertrauen preisen.«
Inschrift des Kreuzes: »König der Ehre«

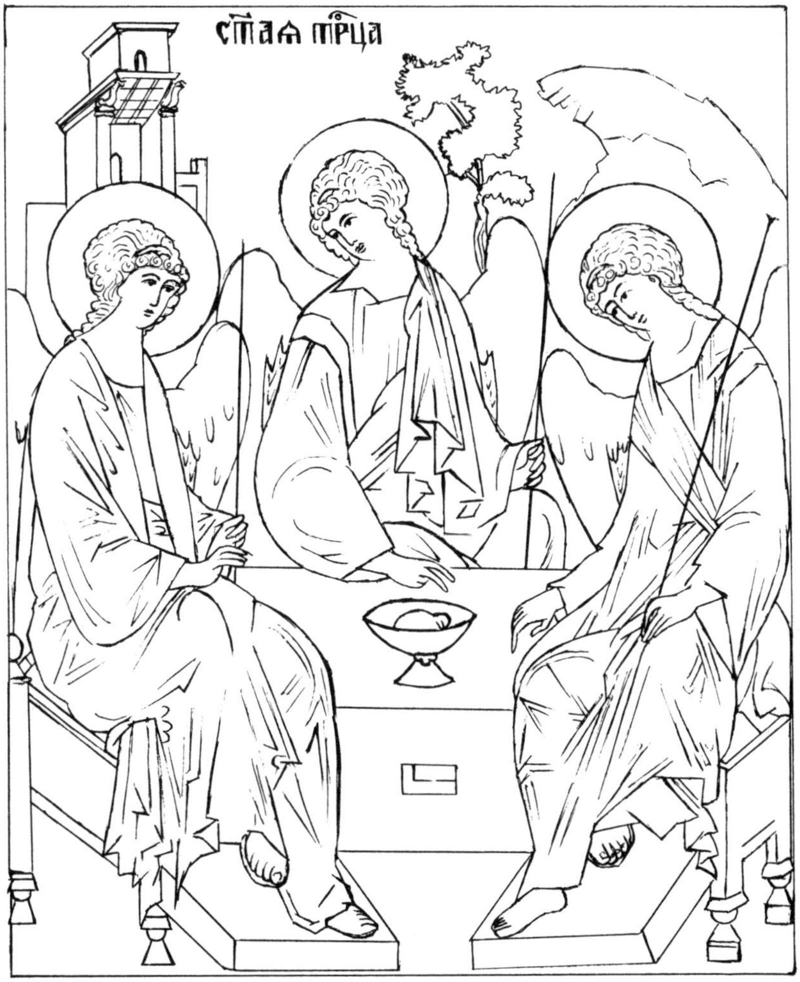

Hl. Dreifaltigkeit
Hier folgen Sie am besten einer guten Farbwiedergabe!

Die Siebener-Gruppe der Ikonostase

Die folgenden sechs Ikonenvorzeichnungen gehören zur Gruppe der »Sieben« (Sedmitsa), in deren Mitte der Christus-Pantokrator thront. Von links nach rechts betrachtet, ergibt sich folgende Ordnung: I, II, III, IV Christus-Pantokrator (z. B. Christus-Ikone Seite 12, links oben), V, VI, VII.
Die Figuren sind im gleichen Maßstab abgebildet und neigen sich in ihrer Haltung Christus in der Mitte zu.

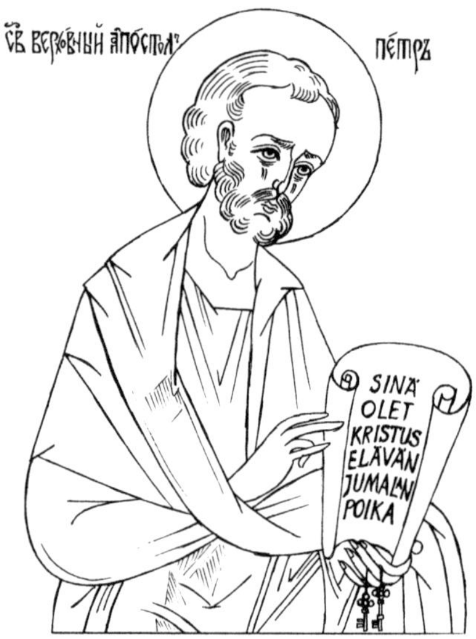

I *Der hl. Apostel Petrus*
Oberkleid gelb, Unterkleid grün
Text: »Du bist Christus, der Sohn des lebendigen Gottes.«

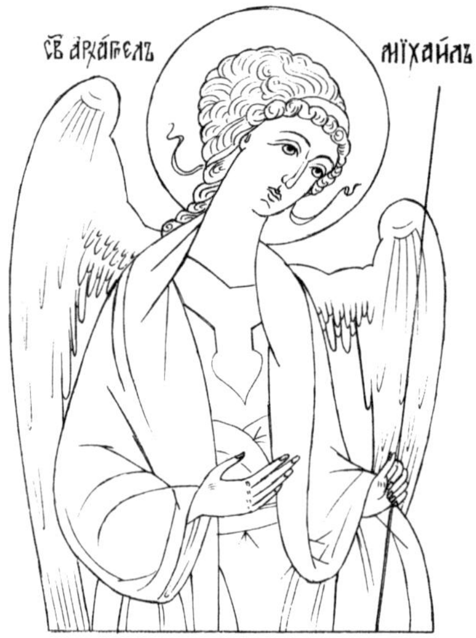

II *Der hl. Erzengel Michael*
Oberkleid rot, Unterkleid grün

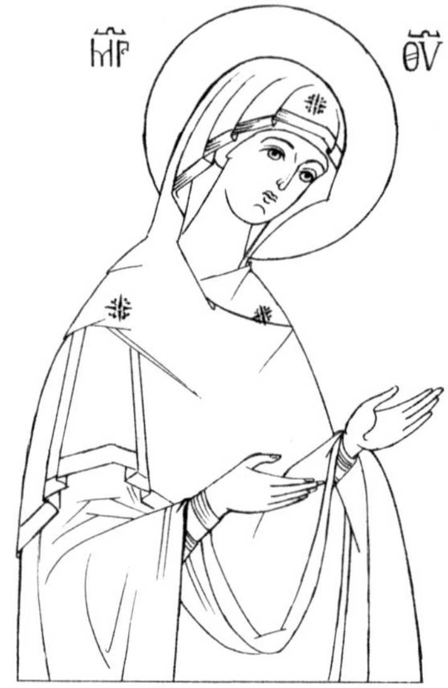

III *Mutter Gottes*
Oberkleid rot, Unterkleid blau

(IV *Christus-Pantokrator*
Oberkleid blau, Unterkleid rot)

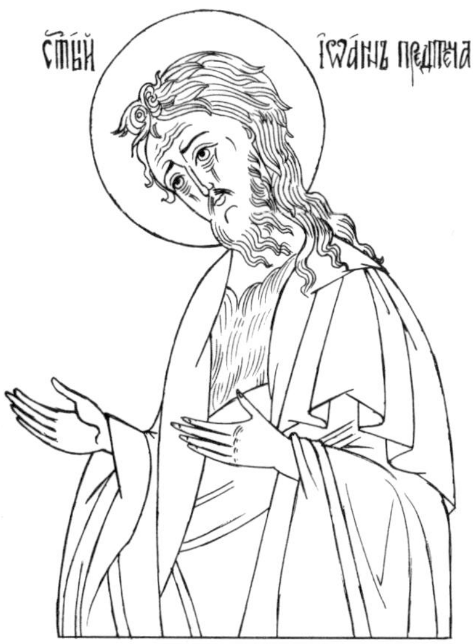

V *Der hl. Johannes der Täufer*
Oberkleid grüngrau, Unterkleid braun

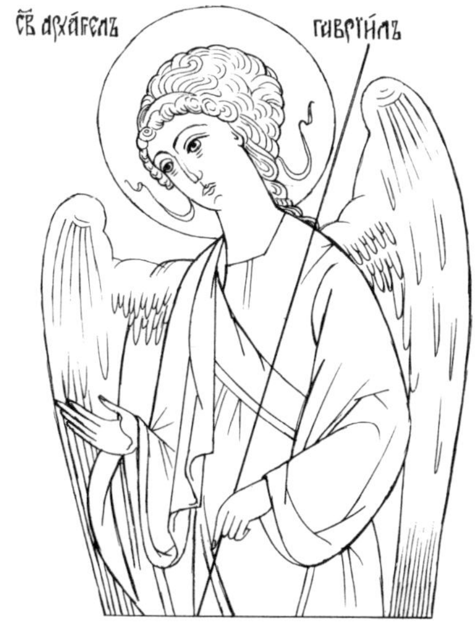

VI *Der hl. Erzengel Gabriel*
Oberkleid grün, Unterkleid rot

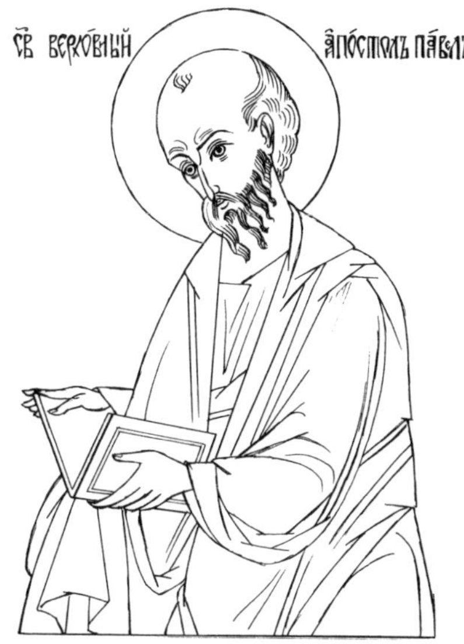

VII *Der hl. Apostel Paulus*
Oberkleid rot, Unterkleid grün

»Erzählende« Ikonen des Neuen Testaments und der Apokryphen

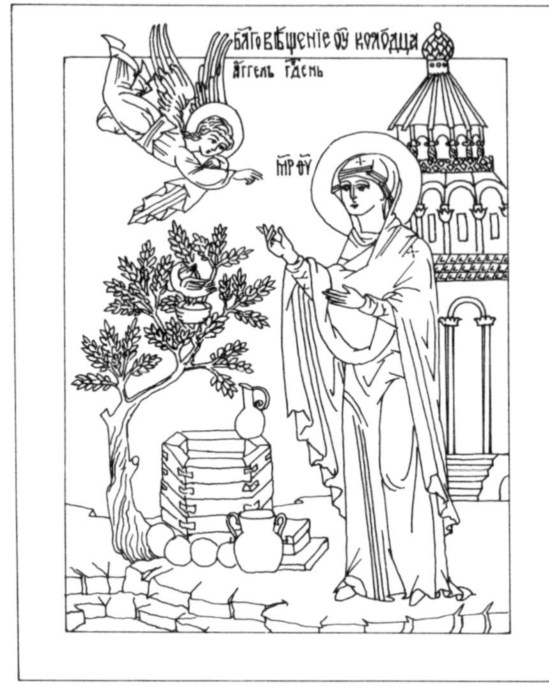

Die Verkündigung am Brunnen
stammt als Thema aus den Apokryphen. Dort wird erzählt, daß der Gottesmutter, als sie zum Brunnen ging, um Wasser zu holen, ein Engel erschien und ihr sagte, sie solle nach Hause gehen, wo sie die wichtige Verkündigung erwarte.

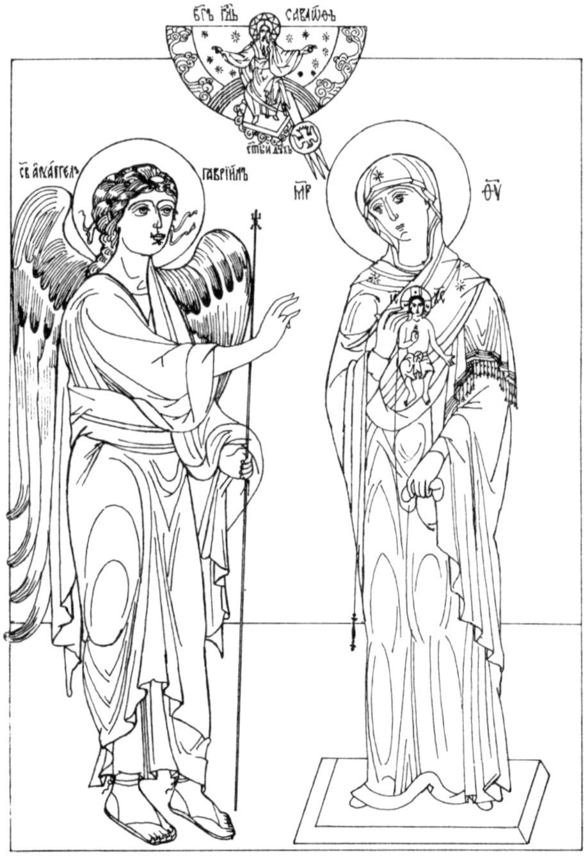

Die Verkündigung von Ustjug
Mutter Gottes: Oberkleid braun, Unterkleid dunkelblau; Engel: Oberkleid weiß, Unterkleid leuchtend rot; Gott-Vater im blauen Himmel: Oberkleid weiß, Unterkleid hellblau; Hüfttuch des Jesus-Kindes orange. Maria hält ein rotes Wollknäuel in der Hand.

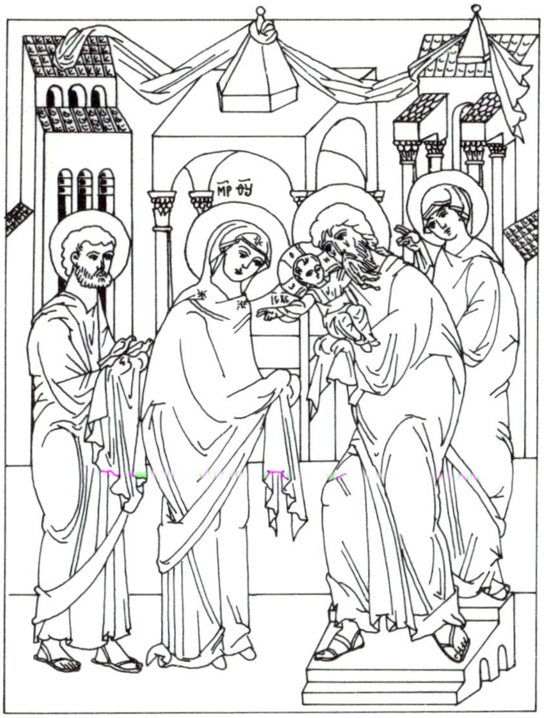

Die Darbringung Christi im Tempel
Joseph trägt gewöhnlich ein grünes Obergewand und einen roten Chiton. Das Oberkleid Simeons ist oft dunkelgrün, das Unterkleid gelb.
Hanna trägt ein rotes Maphorion.

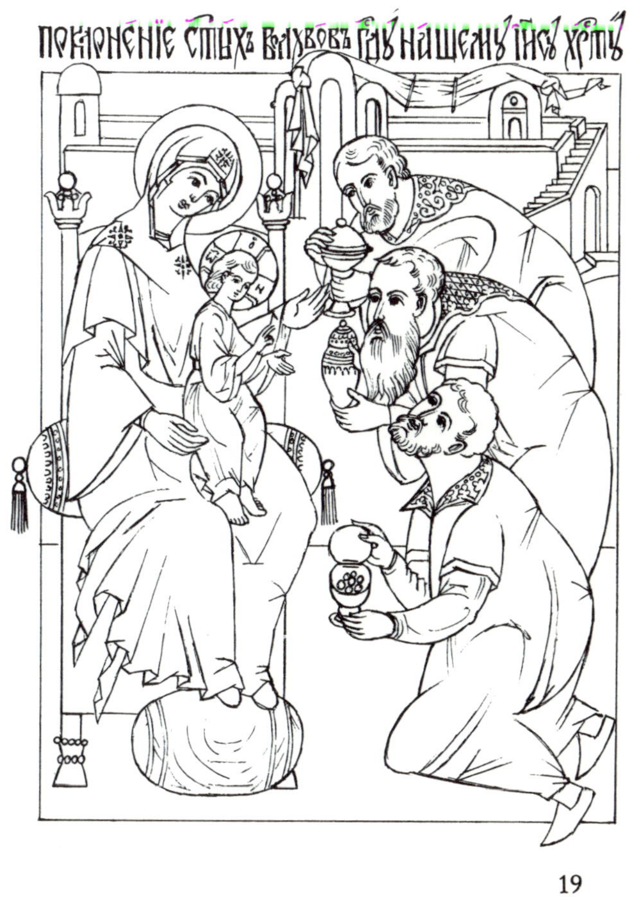

Die drei Weisen verneigen sich vor unserem Herrn Jesus Christus
Jesuskind: Oberkleid weiß, Unterkleid ocker;
die Weisen: Farben sind frei.
Achtung: Die Verbeugung muß auch wirklich eine Verbeugung sein!

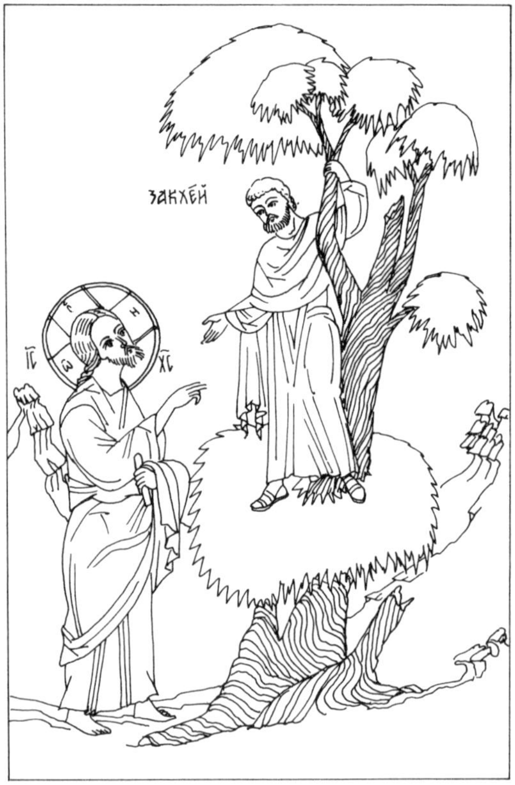

Christus und Zachäus
Die Zeichnung basiert auf dem sogenannten »Musterbuch von Wolfenbüttel« (1230–1240).
Christus ruft Zachäus vom Baum herab (Lukas 19,1–10).
Christi rechte Hand zeigt auf den sogenannten »Baum ohne Leben«. Mit den zwei ausgestreckten Fingern deutet er an, daß er sprechen will.

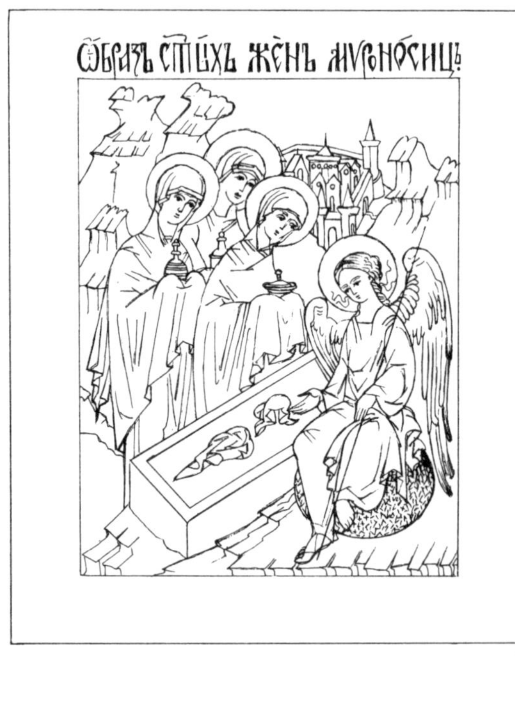

Die Myrrhe tragenden Frauen am Grab des Erlösers
Der Engel im weißen Gewand, der Stein dunkel. Die Frauen von links im roten, dunkelblauen und grünen Mantel.

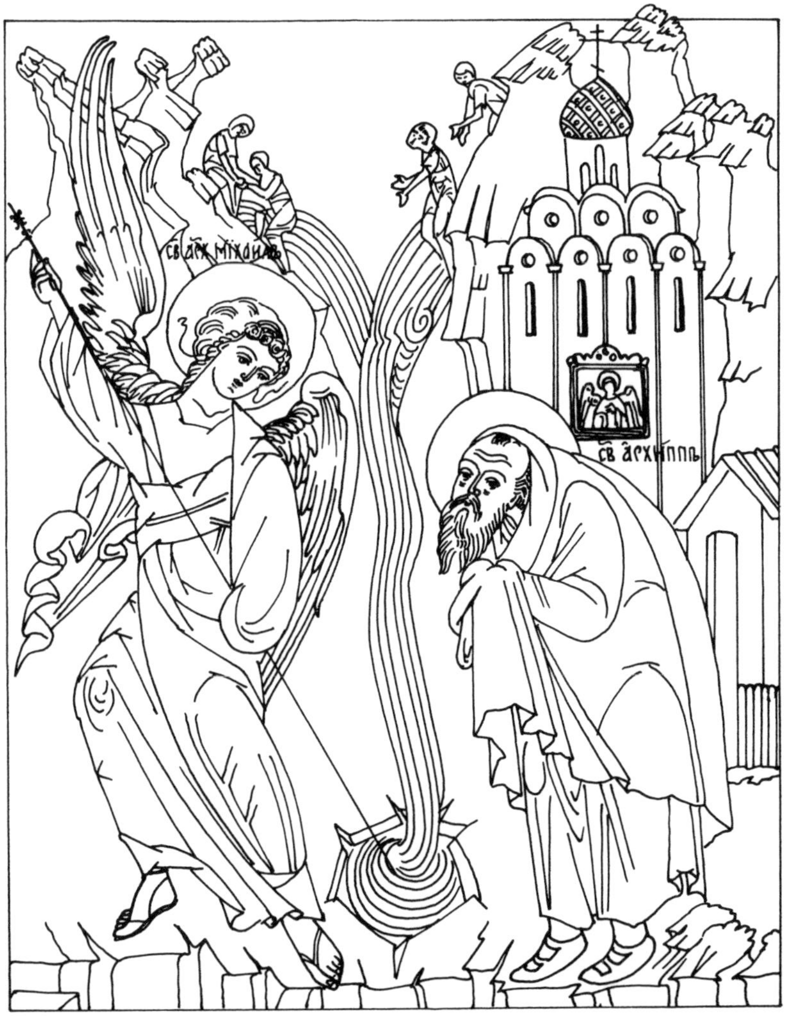

Das Michaelswunder von Chone

In Chone, vier Kilometer von Kolossä entfernt, gab es eine dem hl. Michael geweihte Kirche, die unter der Obhut eines Mönches namens Archipp stand. Als Feinde der Kirche zwei Flüsse so umleiteten, daß die Kirche in Gefahr stand, überschwemmt zu werden, betete Archipp zum hl. Michael um Hilfe, der in einer feurigen Mandorla erschien und mit seinem Stab die Erde so aufschlug, daß sich die Fluten der Flüsse in dieses Loch ergossen. Vom 2. Jahrhundert an bis zum Mittelalter war die Kirche ein bevorzugter Gebetsplatz für Pilger, und man glaubte an die heilende Kraft der in der Nähe gelegenen Quelle.

Mutter-Gottes-Darstellungen

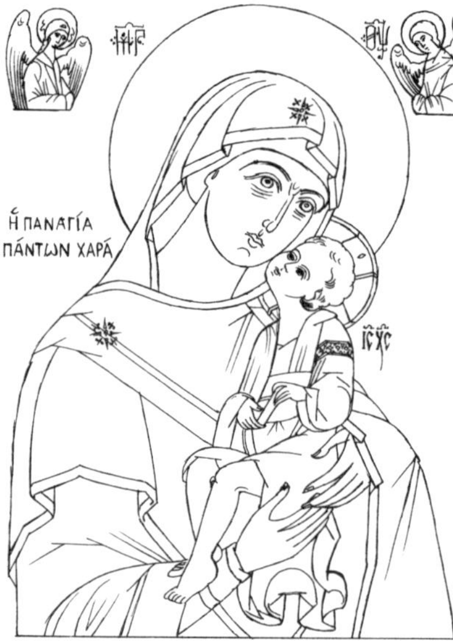

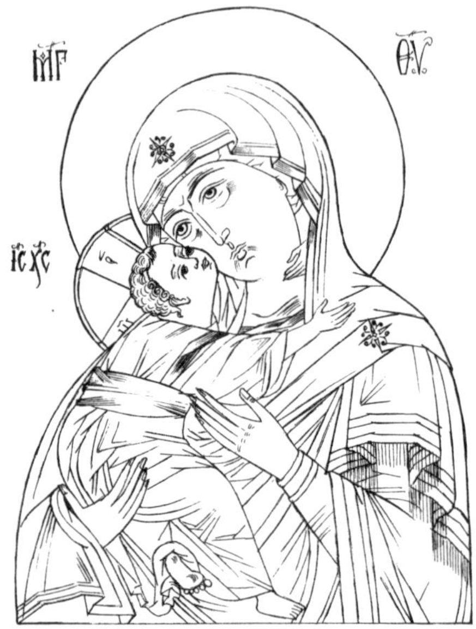

Mutter Gottes – Freude aller
Jesuskind: Oberkleid leuchtend rot oder ocker, Unterkleid weiß; Kleider der Engel: der linke rot, der rechte grün

Mutter Gottes von Wladimir
Gottesmutter: Oberkleid dunkelbraun, Unterkleid dunkelblau oder blaugrün; Untergewand Christi: rötlich mit blondem Ocker aufgehellt, Gürtel und Clavus dunkelblau mit Ocker aufgehellt

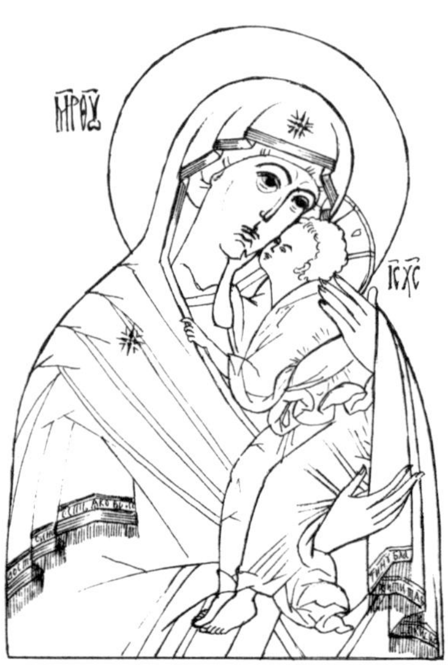

Mutter Gottes von Jaroslawl
Jesuskind: Oberkleid orange, Unterkleid weiß.

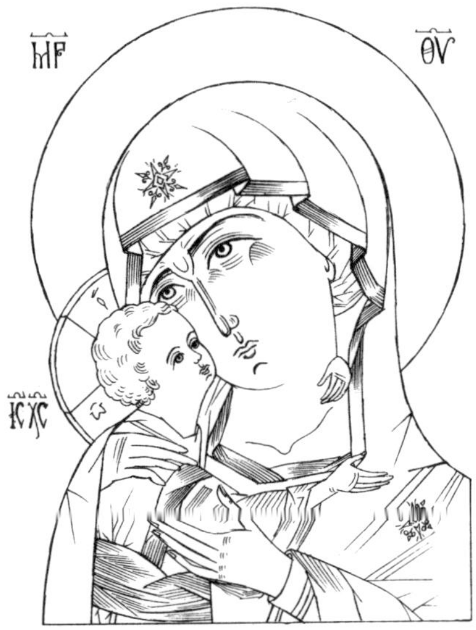

Mutter Gottes der Zärtlichkeit
Gottesmutter: Oberkleid rot, Unterkleid blau; Jesuskind: Oberkleid ocker, Unterkleid weiß

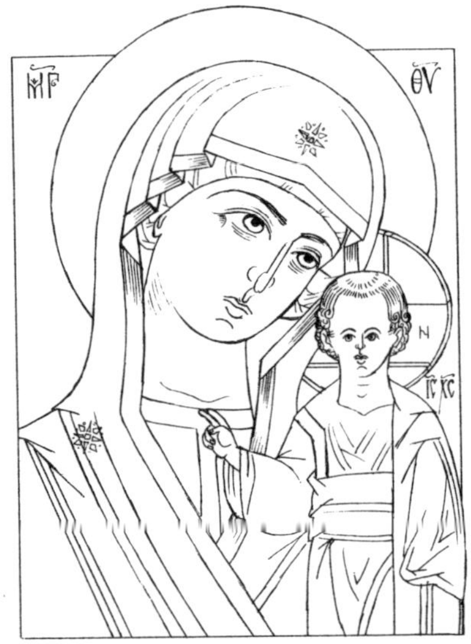

Mutter Gottes von Kasan
Christi Untergewand dunkelgrün, das Obergewand leuchtend rot

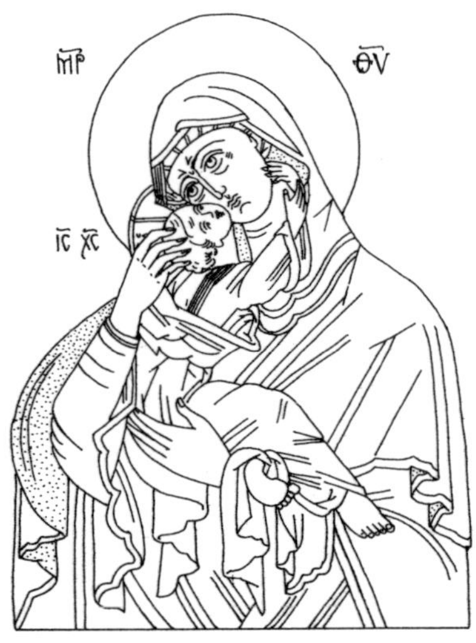

Mutter Gottes der Zärtlichkeit
Die gepunkteten Teile des Maphorions sind feuerrot, das Oberkleid des Kindes trägt ein rötliches Ocker.

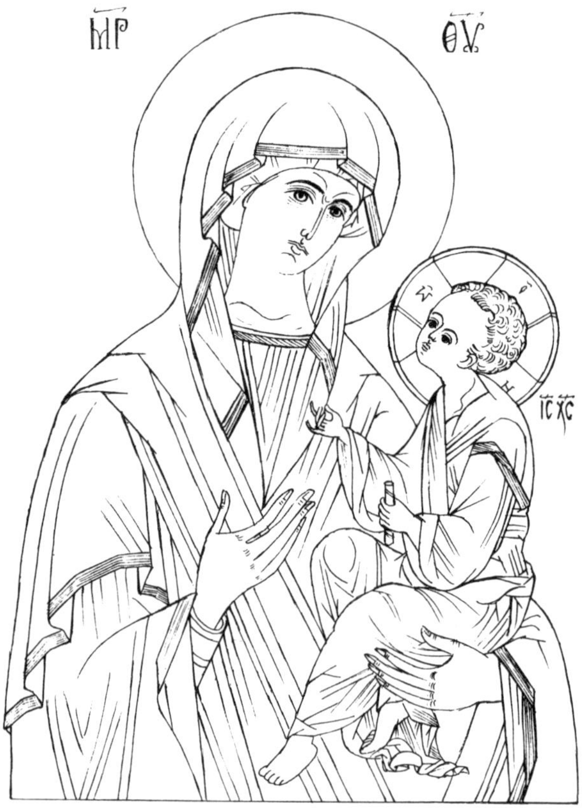

Mutter Gottes von Georgien
Christi Untergewand weiß, Oberkleid hellbraun; Gürtel und Clavus schwarz mit gelben Aufhellungen

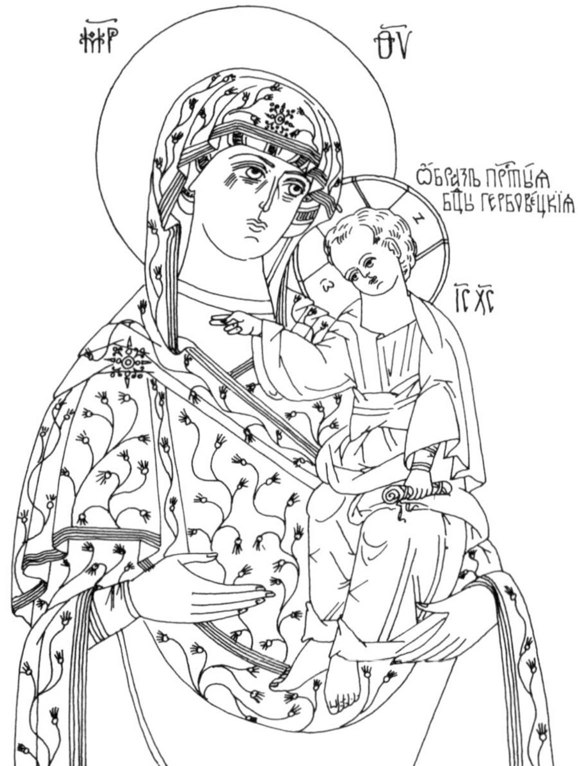

Mutter Gottes von Gerbowec
Im Jahre 1790 brachte man die Ikone ins Kloster Gerbowec, wo das Maphorion der Gottesmutter mit Blümchen verziert wurde.

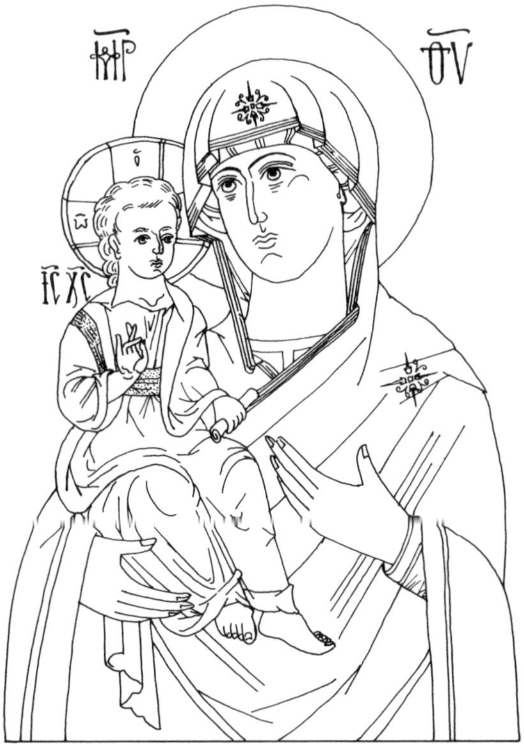

Mutter Gottes Hodegetria
Die Ikone befindet sich im Patriarchen-Museum der Orthodoxen Kirche Jugoslawiens. Der Chiton Christi ist weiß, sein Obergewand ockerfarben, Gürtel und Clavus sind rot gepunktet.

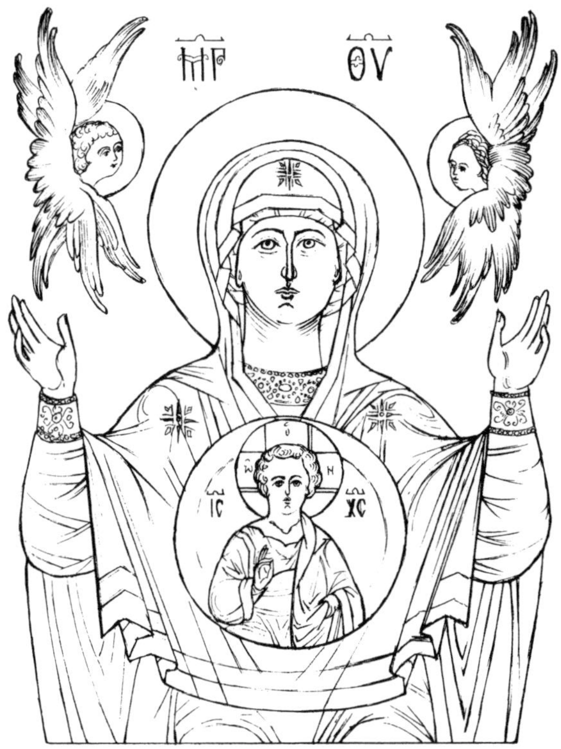

Mutter Gottes – das Vorzeichen
Emmanuel: Oberkleid orange, Unterkleid weiß. Die Farben der Cherubim sind entweder beide rot (auch Gesicht und Flügel) oder der eine rot, der andere dunkelblau.

Biblische und nachbiblische Heilige

Der hl. Johannes der Täufer
befindet sich auf dieser Ikone in der Wüste. Es ist Tradition geworden, daß die Axt an der Wurzel des Baumes lehnt (Matthäus 3,10; Lukas 3,9) und Johannes sein Haupt in einer Schüssel trägt (Matthäus 14,10 u. 11). Als Chiton hat er ein Kamelhaarhemd (Matthäus 3,4) an, das Oberkleid ist meist graugrün.

Die Apostel Petrus und Paulus
Die ersten Berichte vom Tode der Apostelfürsten stammen etwa aus dem Jahre 200 n. Chr. (Tertullian). Auf den Ikonen werden sie gewöhnlich abgebildet, wie sie gemeinsam ein Miniaturmodell einer Kirche hochhalten. Die Ikone, auf der sie sich begegnen, heißt auf griechisch *'ΑΣΠΑΣΜΟΣ* = Begrüßung, Umarmung. Petrus trägt ein gelbes Oberkleid und einen grünen Chiton, Paulus ein dunkelrotes Oberkleid und einen grünen Chiton.

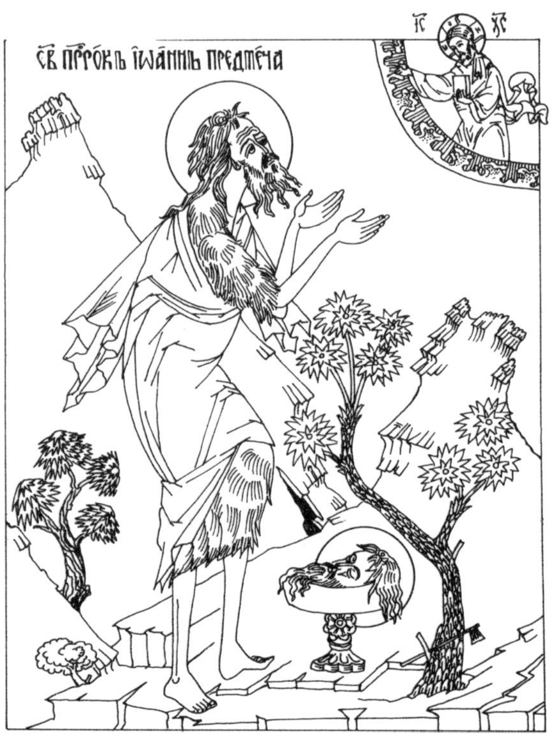

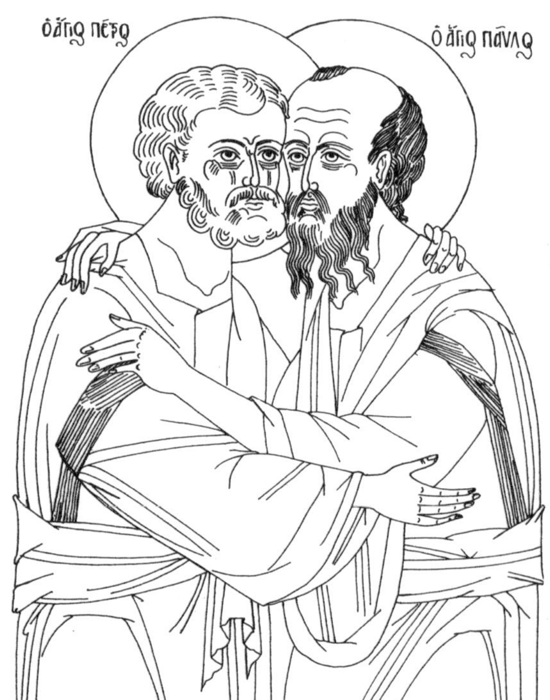

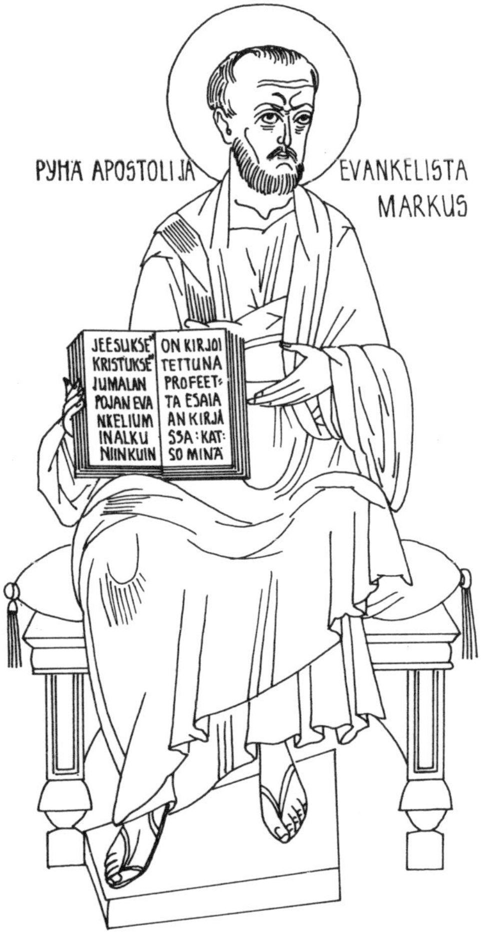

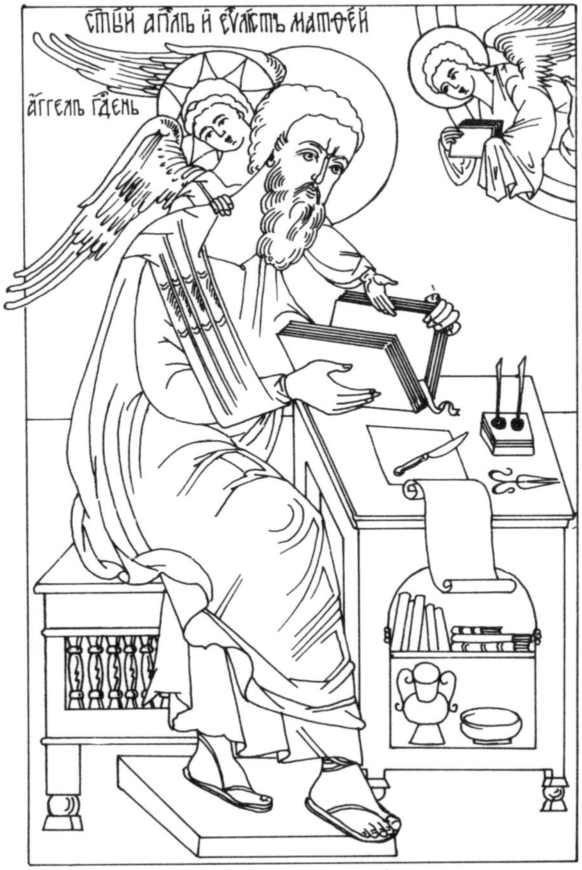

Der Evangelist Markus
Von ihm schreibt Papias (ungefähr um das Jahr 150), daß er der »Dolmetscher« des Petrus gewesen sei und Petrus ihn getauft habe. Das ist aber nicht gesichert, da Petrus sein Evangelium wahrscheinlich vor dem Jahre 70 schrieb. Die Überlieferung erzählt, es sei in Rom entstanden. Die Abbildung wurde von einem Fresko aus der Kathedrale von Wladimir aus dem 12. Jahrhundert kopiert.
Text im Buch: »Evangelium Jesu Christi, des Sohnes Gottes. Wie es bei Jesaja, dem Propheten, geschrieben steht: Siehe, ich . . .«

Der Evangelist Matthäus
wollte den Juden beweisen, daß die Ankündigungen der Propheten sich in Jesus erfüllt hätten. Es ist möglich, daß er sein Evangelium nach dem Jahre 70 schrieb. Der Überlieferung nach war er Bischof in Antiochien. Das Bild basiert auf dem Evangeliar des Priesters Wissarion.

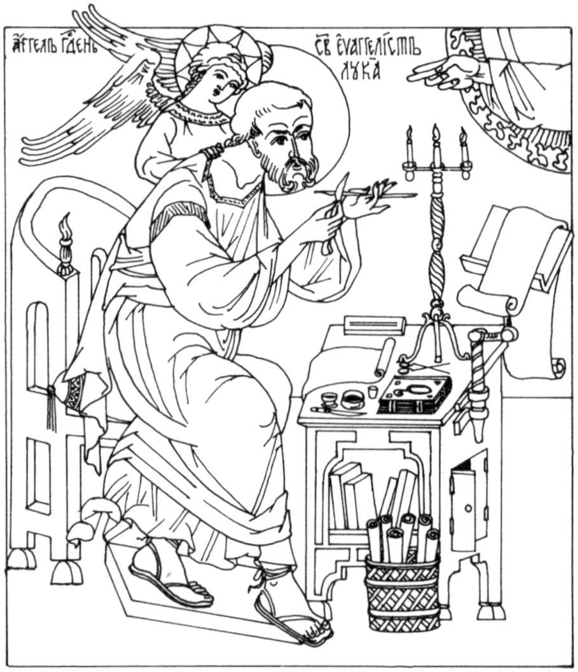

Der Evangelist Lukas
Eusebius, der Bischof von Cäsarea, behauptete, Lukas sei in Antiochien zu Hause gewesen. Von Beruf war er Arzt, und es ist anzunehmen, daß »Lukas, der Arzt, unser lieber Freund« im Brief des Paulus an die Kolosser (4,14) dieselbe Person ist wie der Evangelist. Im 6. Jahrhundert entstand die Sage, daß Lukas Maler gewesen sei und hauptsächlich Ikonen der Mutter Gottes gemalt habe. Von den 600 Ikonen, die Lukas zugeschrieben werden, ist keine vor dem 6. Jahrhundert entstanden. Lukas schrieb sein Evangelium in Rom in den Jahren 61 bis 62. Die Abbildung stammt aus dem Evangeliar des Priesters Wissarion.

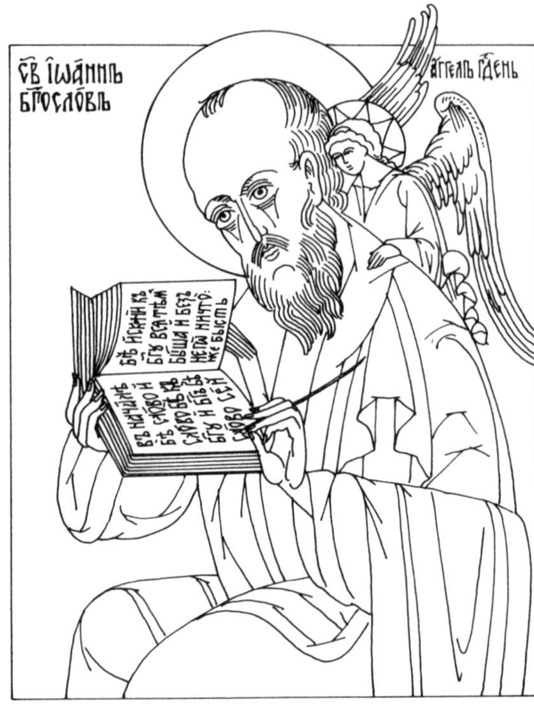

Der Apostel und Evangelist Johannes
wird im Osten oft »der Theologe« genannt wegen des theologischen Klangs seines Evangeliums. Im Buch finden wir den Anfang seines Evangeliums: »Am Anfang war das Wort . . .« Die Inspiration sehen wir auf dieser Ikone in einem Engel personifiziert dargestellt, der ihm die göttlichen Worte ins Ohr flüstert. Der Engel trägt einen siebenzackigen Heiligenschein wie der Vater der Dreifaltigkeit des Neuen Testamentes. Neben ihm stehen die Worte: »Der Engel des Herrn«.
Johannes trägt oft ein grünes Himation und einen roten Chiton.
Der Engel ist weiß gekleidet.

Der Evangelist Johannes und sein Schreiber Prochor
Johannes: Oberkleid grün, Unterkleid blau; der Schreiber: Oberkleid rot, Unterkleid grün

Der Prophet Moses, der den Herrn sah
Oberkleid dunkelocker, Unterkleid blau
Text: »Ich, Moses, sah den Dornbusch, der brannte, doch nicht verbrannte«.

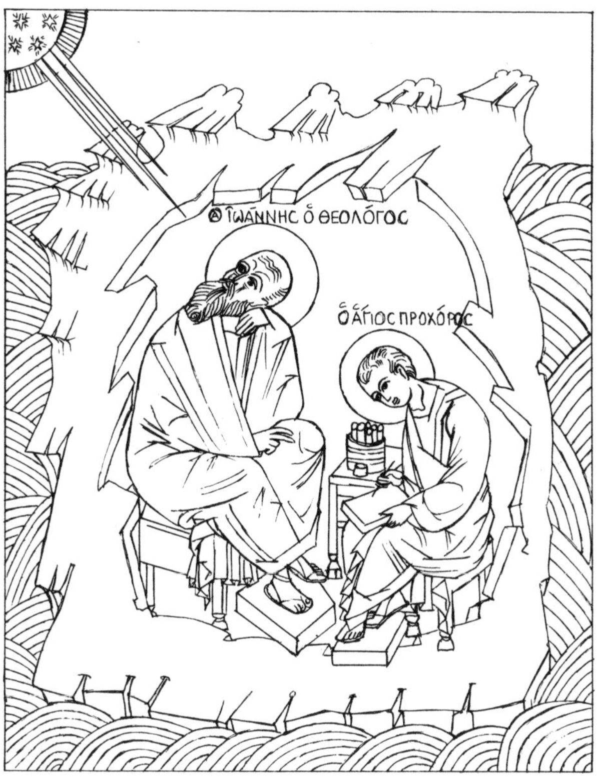

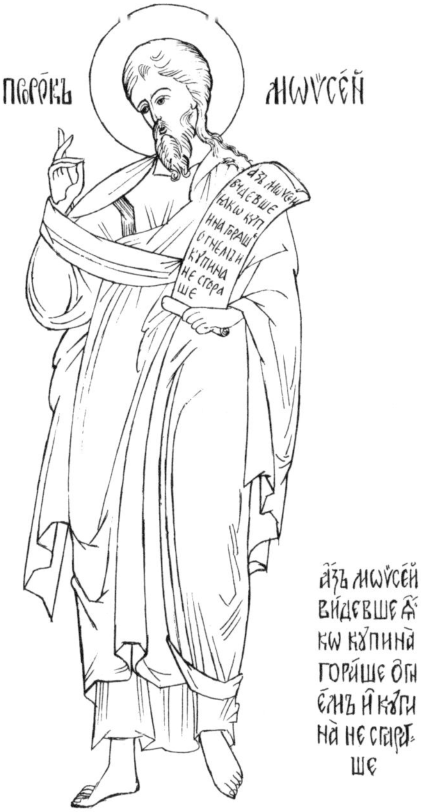

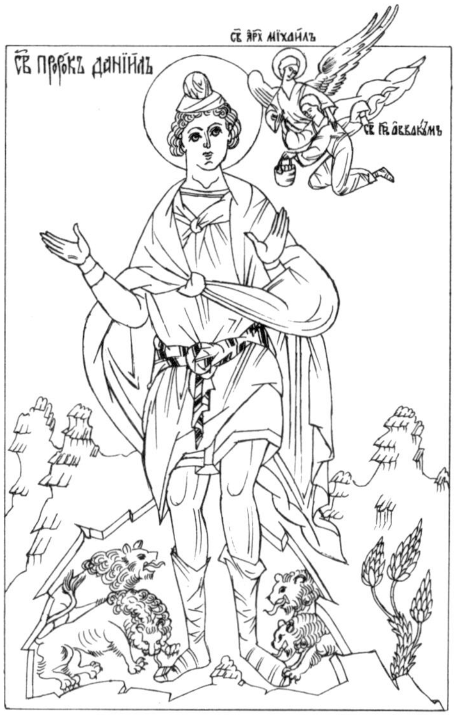

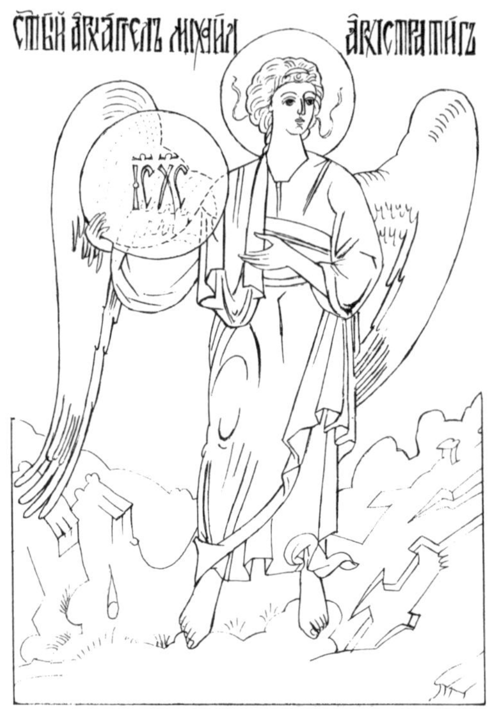

Der Prophet Daniel
Oberkleid rot, Unterkleid blaugrün; Hut weiß mit einem roten Knoten

Der hl. Erzengel Michael, der Heerführer
Oberkleid rot, Unterkleid grün. Achtung! Im kirchenslawischen Text fiel das Härtezeichen bei »Michael« weg.

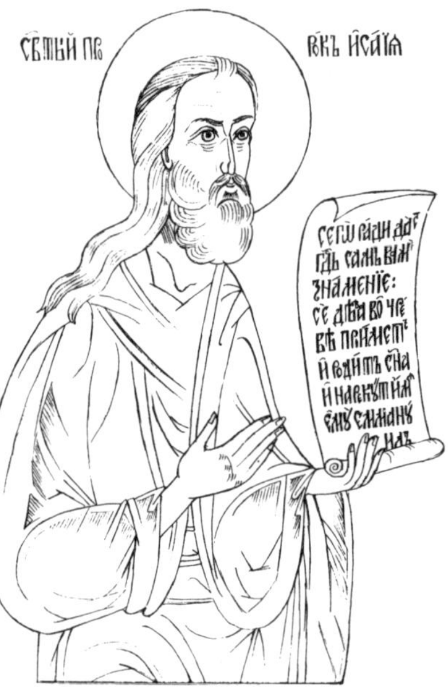

Der Prophet Jesaja
STR. Oberkleid dunkelbraun, Unterkleid blau. Andere Möglichkeiten: Oberkleid dunkelgrünblau, Unterkleid rot
Text der Schriftrolle: »Deshalb gibt euch der Herr selbst ein Zeichen: Siehe, die Jungfrau wird empfangen und einen Sohn gebären und wird ihm den Namen Emmanuel geben.« (Jesaja 7,14) Mitunter wird der Text fortgesetzt mit: »Was bedeutet: Gott ist mit uns.« (Matthäus 1,23)

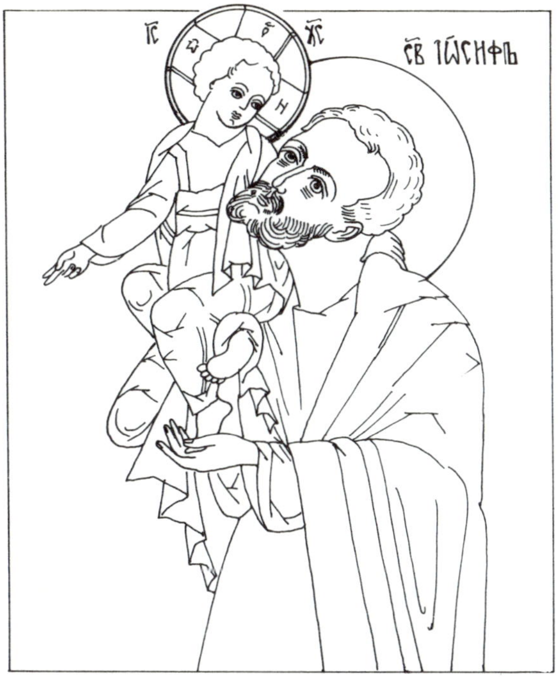

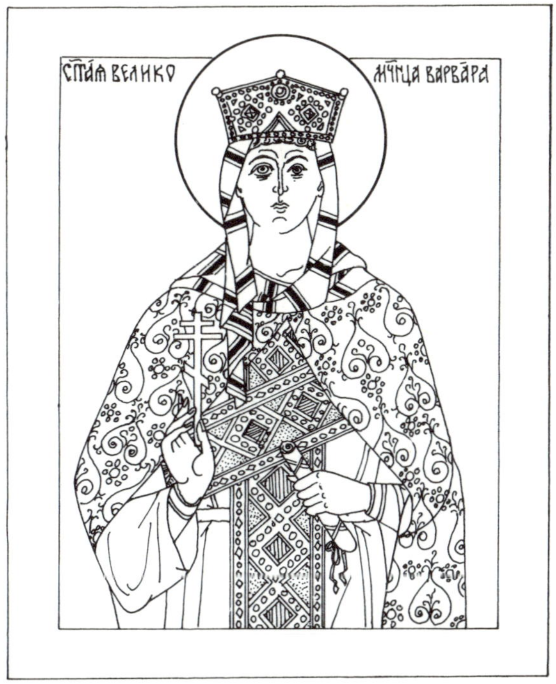

Der hl. Joseph
Die Überlieferung erzählt sehr wenig von ihm. Alles, was wir wissen, stammt aus den Evangelien. Danach war er aus dem Hause Davids (Matthäus 1,19). Es scheint so, als habe die Verehrung Josephs als Bräutigam Mariens in Ägypten begonnen. In den Westen gelangte sie erst später. Die Zeichnung ist eine freie Adaptation einer Ikone, die sich in St. Julien-le-Pauvre in Paris befindet.
Der Chiton Josephs ist weiß, das Oberkleid grün. Jesu Chiton ist ockerfarben, das Himation rötlich ockerfarben.

Die hl. Großmärtyrerin Barbara
Zur Zeit Kaiser Maximilians wurde die schöne und intelligente Barbara Christin, obwohl ihr Vater, der Heide Dioskuros, das mit allen Mitteln zu verhindern suchte. Er selbst übergab sie sogar seinen Beamten zur Folterung. Nach qualvollen Torturen tötete der Vater Dioskuros selbst seine eigene Tochter mit dem Schwert. Barbara gehört zur Gruppe der Großmärtyrer.

Der Kirchenvater Johannes Chrysostomos (Goldmund) wurde 347 in Antiochien geboren. Als etwa 25jähriger wurde er getauft und erhielt die Weihen eines Lektors. Er lebte als Mönch und wurde im Jahre 380 zum Priester geweiht. In der ganzen Welt genoß er bald den Ruf eines ausgezeichneten Predigers. Man weihte ihn zum Erzbischof von Konstantinopel. Dreimal wurde er aus der Stadt vertrieben. Er starb im Jahre 407 an den Folgen der schlechten Behandlung während seiner dritten Verbannungsreise.
Goldfarbener vielkreuziger Sakko, darüber weißes Omophorion mit schwarzen Kreuzen

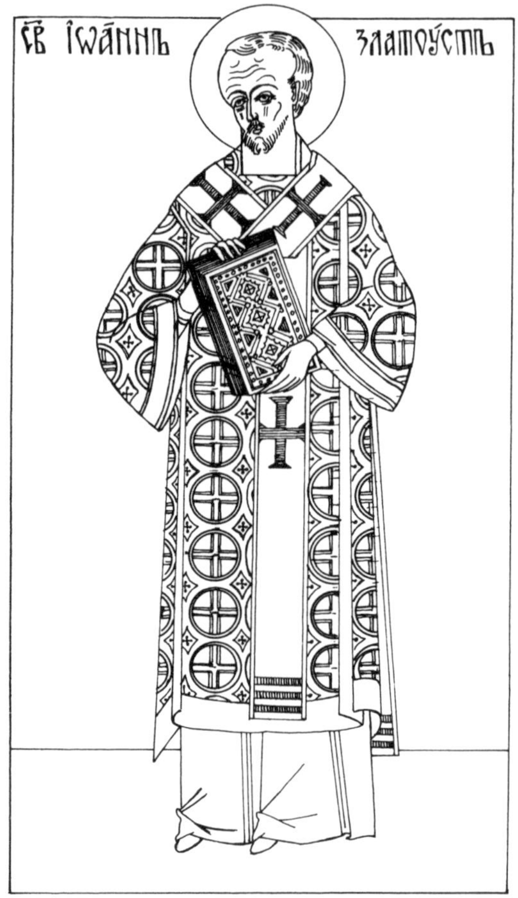

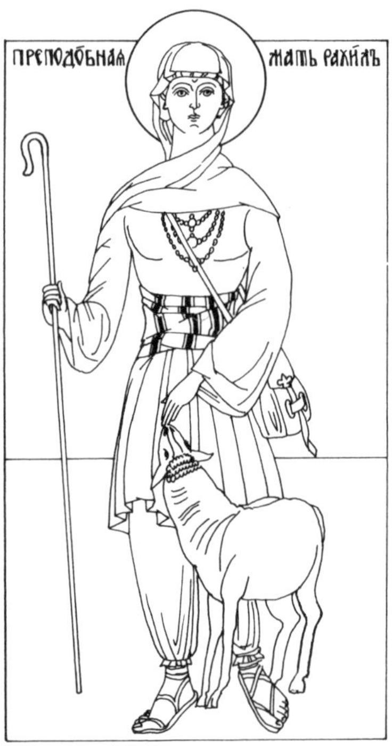

Die hl. Rachel
war die jüngste Tochter Labans und die Frau Jakobs (1 Moses 29,6). Der Name bedeutet »Opferlamm«: »denn sie war eine Hirtin«. Jeremias 31,15: »Und Rachel weint um ihre Kinder.« (Vgl. auch Matthäus 2,18)

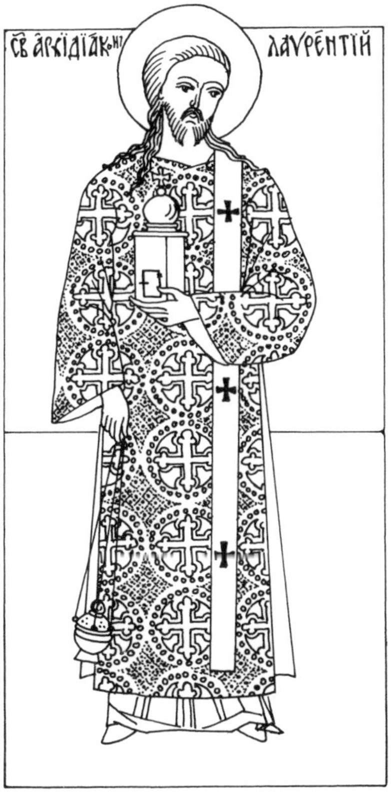

Der hl. Erzdiakon Laurentius
war einer der sieben Diakone der Stadt Rom. Als der Präfekt der Stadt anordnete, daß die Schätze der Kirche an ihn abzutreten seien, versammelte Laurentius die Kranken und Armen und sagte dem Präfekten: »Das hier sind die Schätze der Kirche.« Er wurde vier Tage nach dem Tod Papst Sixtus' II. im Jahre 258 verbrannt und auf einem Friedhof an der Straße nach Tivol begraben. Der sakrale Gegenstand in seiner linken Hand ist ein Abendmahlsgefäß, denn die Diakone brachten die hl. Kommunion zu den Kranken und Alten, die nicht am Gottesdienst teilnehmen konnten. Vorlage für die Zeichnung war eine russische Ikone aus dem 18. Jahrhundert.

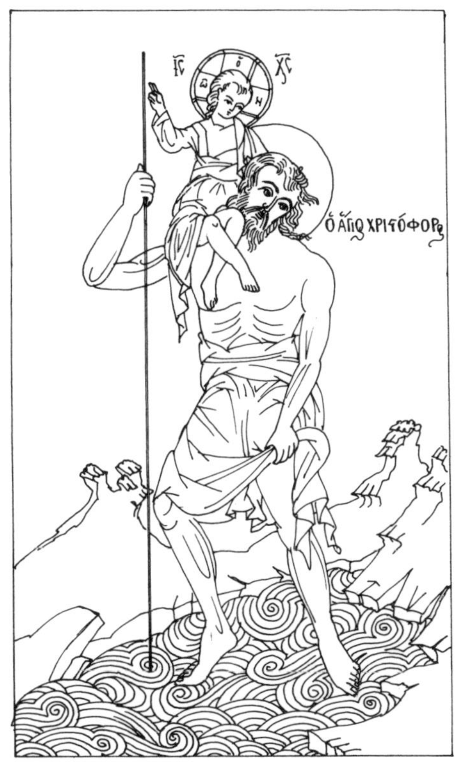

Der hl. Christophorus
Der legendäre Heilige wird wegen seines Namens (Christophoros = der Christus-Träger) im Westen oft abgebildet, wie er Christus trägt. Die Legende erzählt, daß er als Riese die Menschen auf die andere Seite eines Flusses brachte. Als er einmal ein kleines Kind trug, bemerkte er, daß das Kind allmählich immer schwerer wurde. Er hatte Christus getragen. Als Helfer der Reisenden ist er in vielen Ländern zum Schutzpatron der Autofahrer geworden.

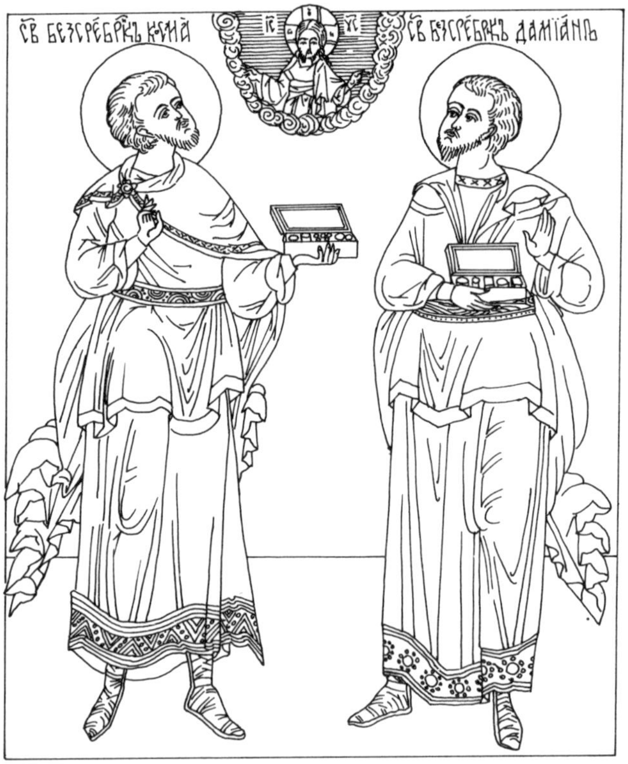

Die hll. Kosmas und Damian
wurden in Kleinasien geboren. Ihre Mutter erzog sie im christlichen Glauben. Die Überlieferung erzählt, daß sie nach Rom wanderten, um in der Nähe der Stadt zu wohnen. Dort erlitten sie den Märtyrertod auf Befehl Kaiser Mark Aurels. Sie sind die Schutzheiligen der Ärzte und werden auf griechisch als *'ΑΝΑΡΓΥΡΟΙ*, auf russisch mit »Bezsrebrenniki« bezeichnet. Die beiden Worte bedeuten »ohne Silber«, denn sie behandelten die Patienten unentgeltlich.

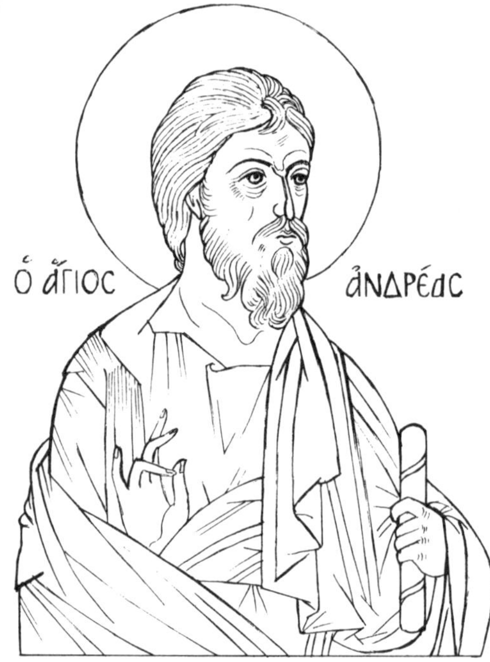

Der Apostel Andreas, der Erstberufene
Oberkleid rot, Unterkleid blau

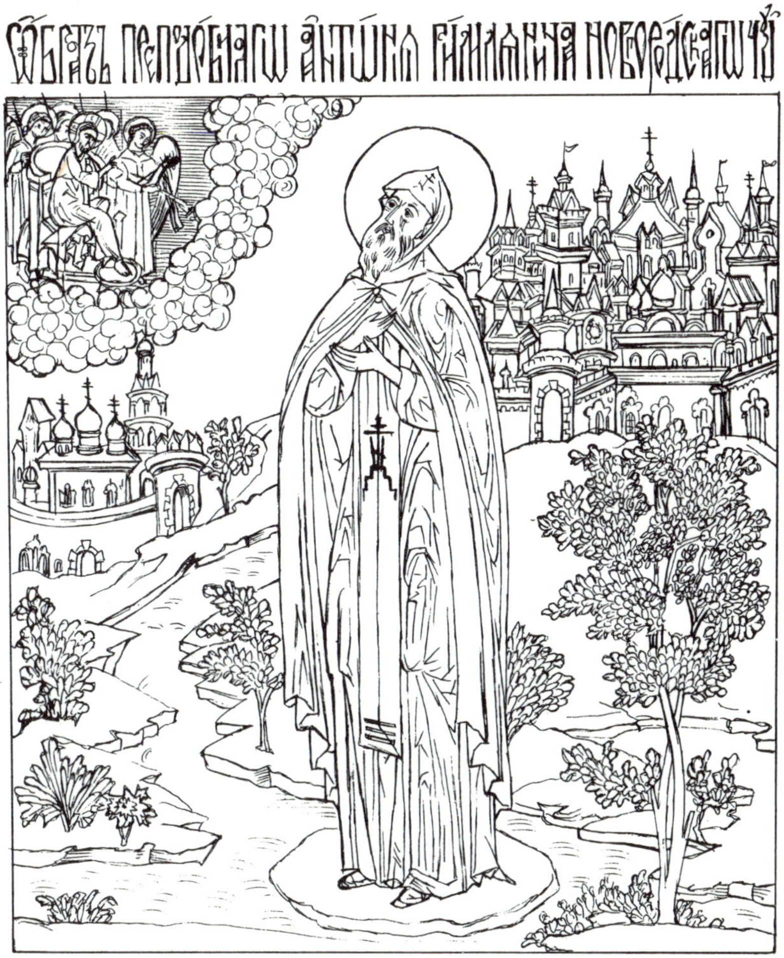

Der hl. Antonius, der Römer

Der Fels ist schwarz. Oberkleid und Schema schwarz, Unterkleid ocker. Der Mantel der Mönche ist gewöhnlich schwarz, das Schema oft in einer anderen dunklen Farbe.

Der Chiton erscheint oft weiß oder ockerfarben, manchmal auch grünlich oder schwarz getönt. Als Schmuck des Schemas dienen Kreuze und Texte.

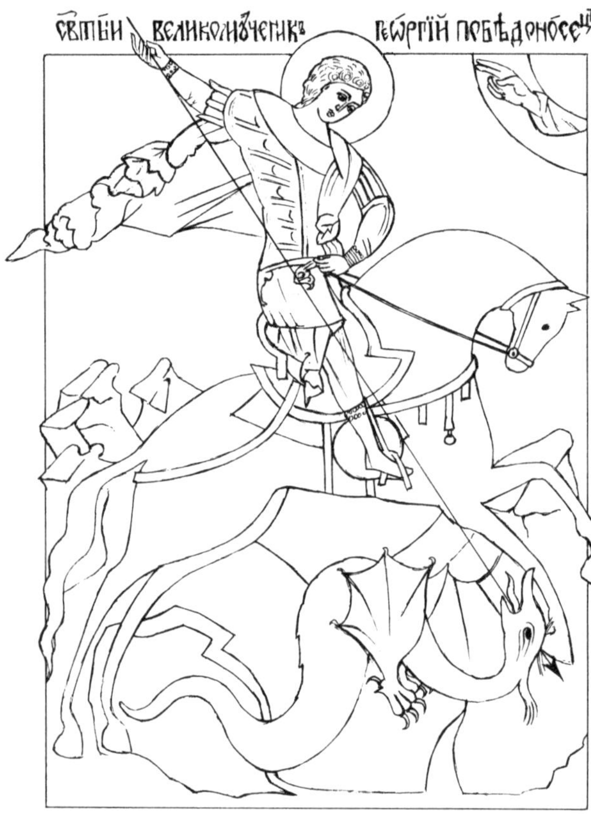

Der hl. Großmärtyrer Georg, der Sieger
Hintergrund feuerrot, Pferd weiß, Harnisch blaugrau, Mantel grün

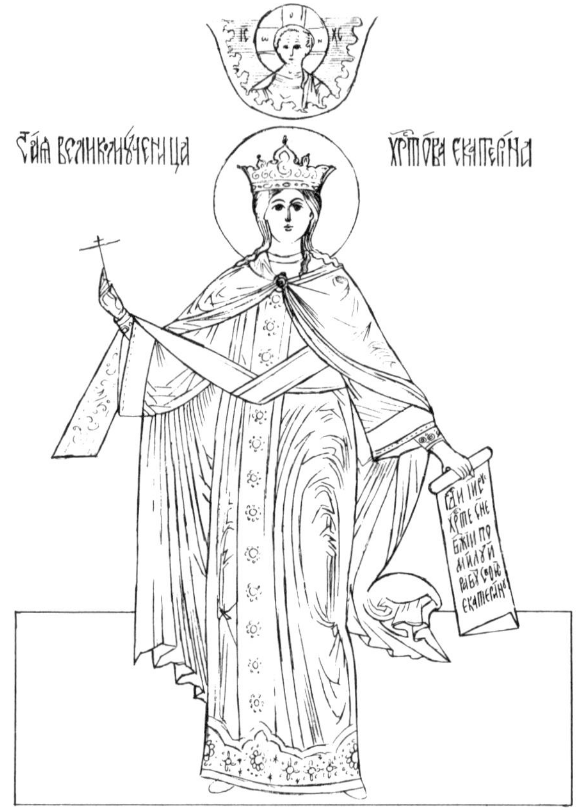

Die hl. Großmärtyrerin Katharina
STR. Oberkleid blau, Unterkleid rot
Text der Schriftrolle: »Herr Jesus Christus, Sohn Gottes, erbarme dich deiner Dienerin Katharina«

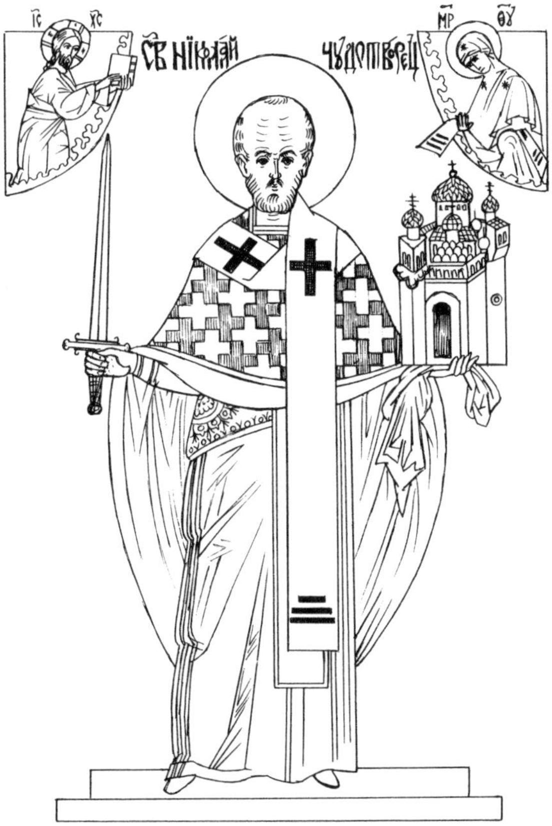

Der hl. Nikolaus von Lykien, Erzbischof von Myra
Die Kreuze des Phelonions z. B. schwarz oder rot auf hellem Untergrund; Omophorion weiß mit schwarzen Kreuzen; Sticharion (Albe) ist frei zu wählen, z. B. hellgrün.

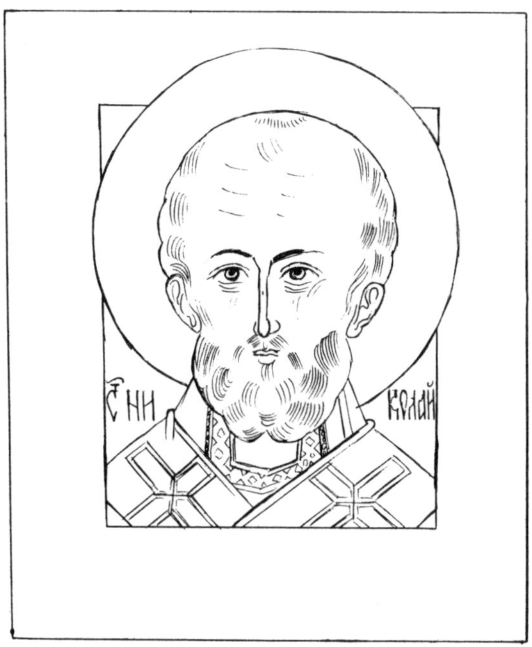

Der hl. Nikolaus, der Wundertäter
Phelonion mehrfarbig, Omophorion weiß mit schwarzen Kreuzen. Das Phelonion ist oft mit einem kreuzförmigen Schmuckmuster überzogen, daher auch sein Name Polystavrion, das »Vielkreuzige«.

ZWEITER TEIL

DETAILS

Vorwort des Verfassers

Obwohl bei einer Ikone die dargestellte heilige Person oder das heilige Geschehen die eigentliche Hauptsache ist, ist das Ausmalen der charakteristischen Einzelheiten und Details der Ikonen wichtig und keineswegs nebensächlich. Denn erst durch das sorgfältige Ausgestalten der Details erlangt man schließlich die harmonische Geschlossenheit einer guten Ikone.

Schon seit alten Zeiten wurden Ikonen in Rußland, Griechenland und auf dem Balkan bedauerlicherweise sehr schnell gemalt, oft geradezu flüchtig, ohne größere Sorgfalt auf die Einzelheiten zu verwenden. Zum Glück hat es jedoch immer Maler gegeben, die sich um ein sorgfältiges Malen der Ikonen bemühten, ohne auch nur die kleinsten Einzelheiten zu vergessen, wie die Ausschmückung der Gebäude, die Rhythmik der Wellen, die kleinen Pflanzen usw. Dabei treten uns vor allem die großartigen Ikonen der Altgläubigen vor Augen, von denen jeder Maler heute noch lernen kann.

Die Aufgabe der folgenden Detailsammlung ist es, dem Ikonenmaler bei der sorgfältigen Ausgestaltung gerade der vielen Einzelheiten eines Bildes zu helfen. Bei den meisten Abbildungen ist erwähnt, von welcher Ikone sie genommen wurden, so daß der Maler den Ausschnitt schnell in die »richtige Umgebung« einordnen kann.

Geht man daran, eine Ikone zu malen, sollte dem das Studium alter, sorgfältig gemalter Ikonen vorangehen. Jeder wird dort verschiedene schöne Einzelheiten entdecken und sie, sofern sie zusagen, beim Malen wiederverwenden. Aus gutem Grund sei daran gemahnt, eine Überfrachtung der Ikone mit Einzelheiten zu vermeiden, denn dies ginge zu Lasten des Hauptgegenstandes. Besonders sollte man auf den Zusammenklang der Farben achten.

Die Anfertigung einer genauen Vorzeichnung ist ein unverzichtbares Stadium des Ikonenmalens. Es besteht kein Grund, die Verwendung von Zirkel und Lineal zu vermeiden. Beide Hilfsmittel waren beim Malen von Ikonen seit jeher in Gebrauch. Dies beweist z.B. N.V.Gusew bei seiner Erforschung der Ikonen der

Tretjakow-Galerie. Auf allen Ikonen fanden sich Spuren im Zentrum des Heiligenscheins, die von der Benutzung eines Zirkels oder etwas ähnlichem herrühren.

Vielen Dank an Sirkku Lehtinen.
Alle diese Sammlung betreffenden Bemerkungen und Hinweise nehme ich mit Dankbarkeit entgegen.

Städte

Auf der Ikone »Christi Einzug in Jerusalem« erscheint auf der rechten oder linken Seite immer die Stadt Jerusalem. Im folgenden werden drei Beispiele dafür aufgeführt: *Abb. 1* stammt aus einer Kirche des Moskauer Kremls (1405 n. Chr.), *Abb. 2* aus der Kathedrale von Sofia (Bulgarien) und *Abb. 3* von einer Ikone der Moskauer Schule vom Ende des 15. Jahrhunderts.
Für die Ikonen des hl. Nikolaus von Možajsk ist es typisch, daß Nikolaus in der rechten Hand ein Schwert hält und in der linken ein Miniaturmodell der Stadt Možajsk trägt. Die Überlieferung erzählt, daß die Bürger der Stadt, als die Tartaren ihre Stadt umschlossen, eine Prozession auf den Wällen veranstalteten, wobei sie die Ikone des hl. Nikolaus mit sich trugen und so die Feinde vertrieben.
Die *Abb. 4* und *5* sind von zwei unterschiedlichen Ikonen des hl. Nikolaus kopiert, auf denen sich die kleinen Modelle der Stadt befinden.
Abb. 6 ist ein Detail einer Ikone, auf der der

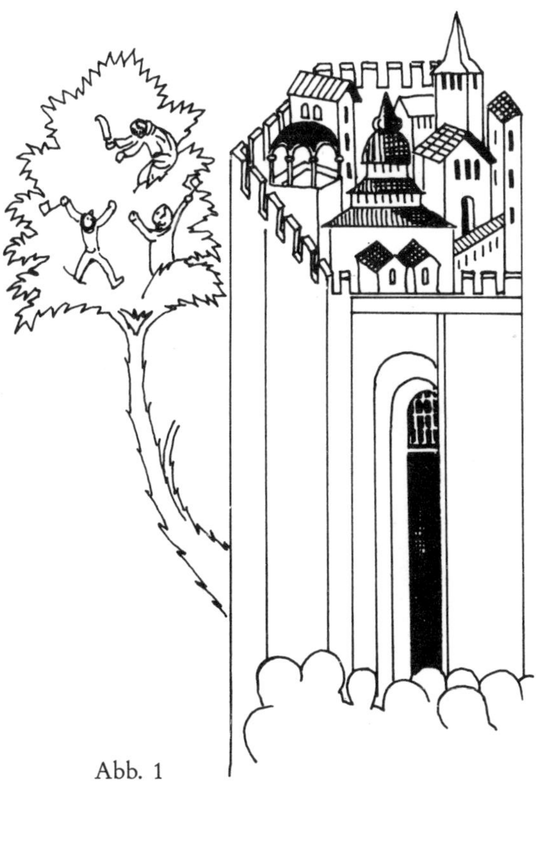

Abb. 1

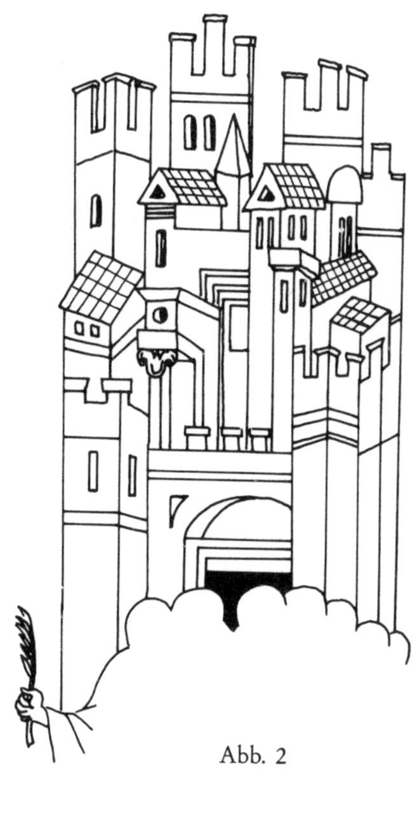

Abb. 2

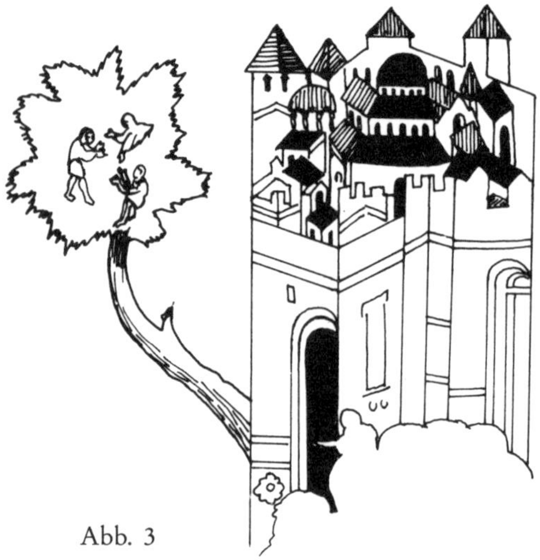

Abb. 3

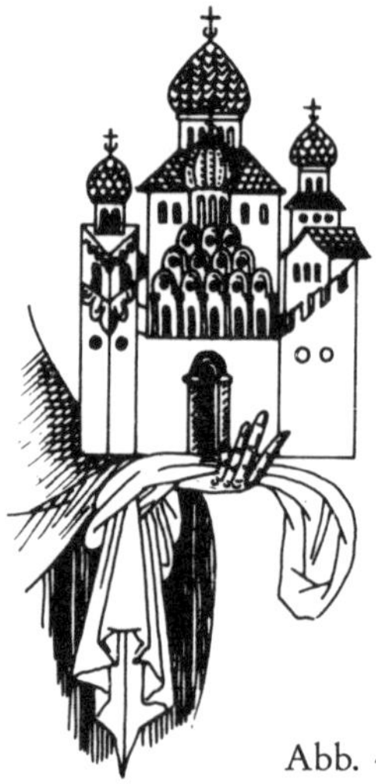

Abb. 4

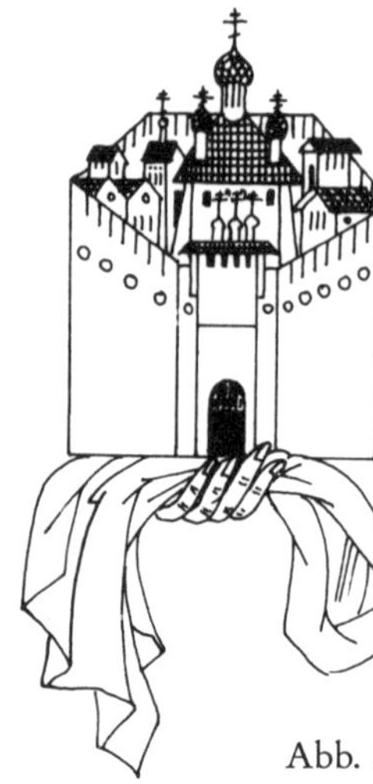

Abb. 5

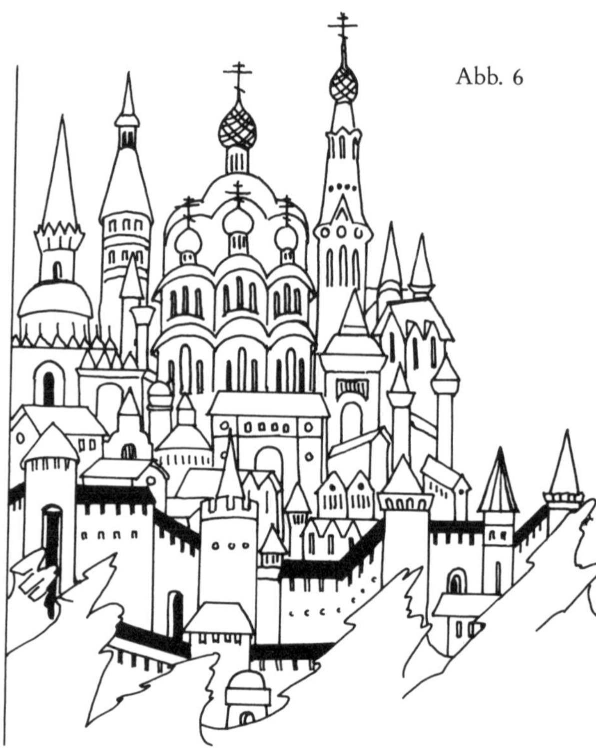

Abb. 6

hl. Alexius, der Gottesmann, nach Rom zurückkehrt. Die Ikone entstand 1650 und befindet sich jetzt in der Tretjakow-Galerie in Moskau. *Abb. 7* rührt von einer Ikone des »Entschlafens Mariens« aus dem Anfang des 16. Jahrhunderts her, die heute im Russischen Museum in Leningrad aufbewahrt wird[1].

In einem zwischen 1110 und 1120 geschriebenen Handbuch wird unter der Überschrift »Geschichte von der Überführung der Reliquien des hl. Nikolaus, des Wundertäters« erzählt, wie die Reliquien des hl. Nikolaus nach Bari überführt wurden. Von einer Abbildung dieser Handschrift stammt die *Abb. 8*[2].

An *Abb. 9* kann man gut erkennen, wie auf vielen Ikonen die Darstellung der Städte stark reduziert wird und die Gebäude, zu

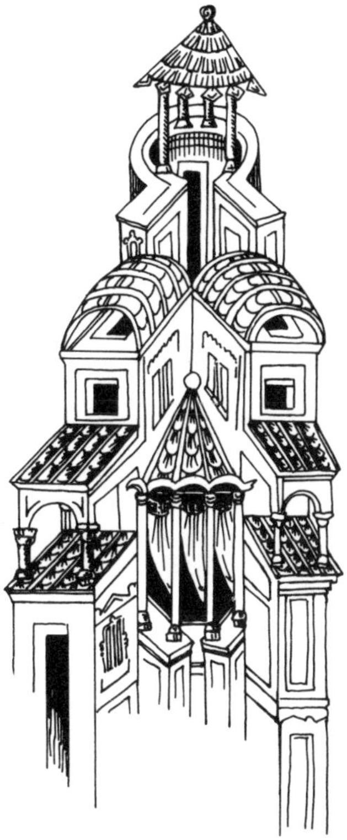

Abb. 7

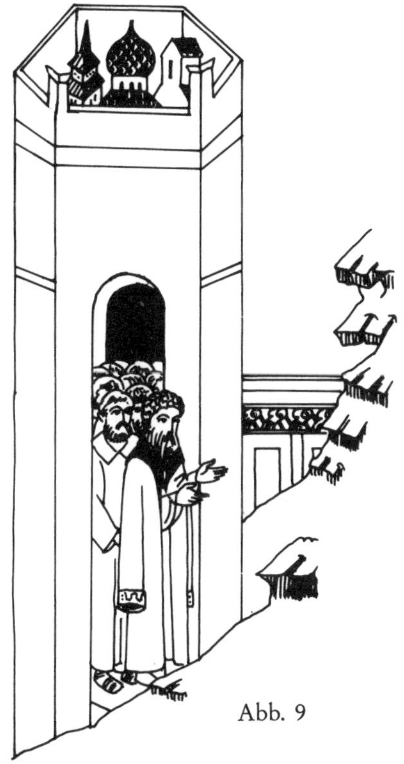

Abb. 9

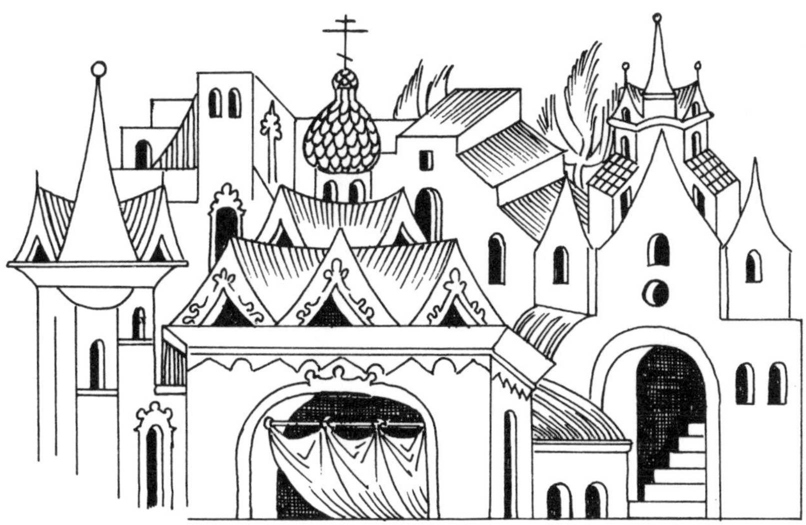

Abb. 8

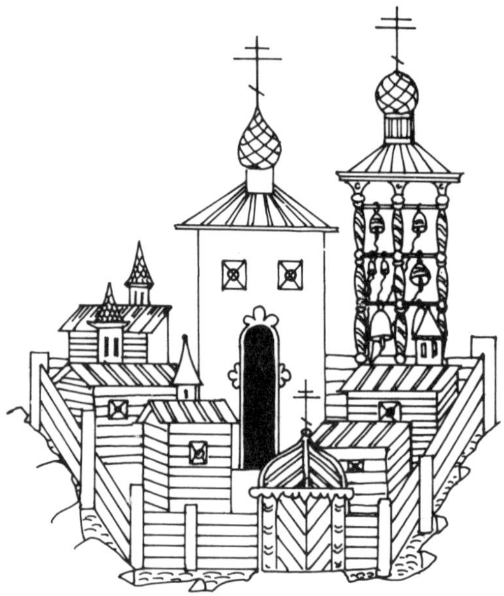

Abb. 10

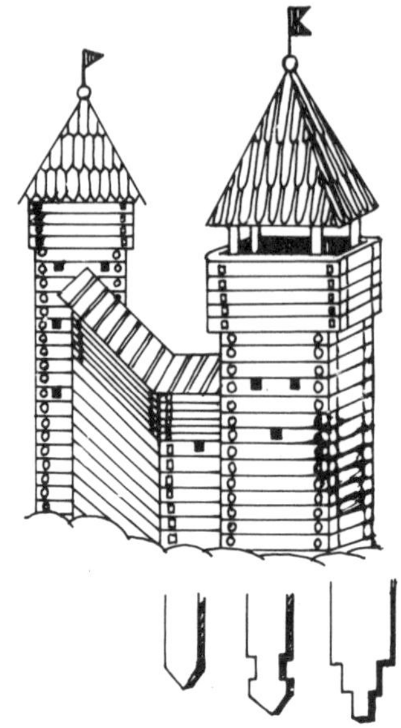

Abb. 11

einem Turm zusammengefaßt, dezent in das Hauptthema eingegliedert werden.
In der Illustration einer 1648 geschriebenen Biographie des hl. Anton von Siski findet sich ein großartiges Beispiel dafür, wie man die Holzarchitektur Nordrußlands und Kareliens wiedergeben kann (*Abb. 10*). Der Maler mußte tatsächlich ein guter Kenner der Geburts- und Wirkungsstätte des jeweiligen Heiligen sein, denn er hielt sich sehr genau an die örtliche Architektur.
Abb. 11 zeigt die das Kloster umgebenden Palisaden, typisch für dieses Land der Holzarchitektur; im Unterteil 3 Modelle für Dachschindeln.

Klöster

Wird auf einer Ikone ein Kloster dargestellt, so wird sehr häufig auch sein Gründer oder seine Gründer abgebildet. Besonders in Griechenland war es üblich, daß der Heilige ein kleines Modell des von ihm gestifteten Klosters in der Hand trug. Auf *Abb. 12* hält der Patriarch Jeremias das von ihm gegründete Stavronikita-Kloster in der Hand[3].
In Rußland war dieser Brauch seltener, obwohl er mitunter auch geübt wurde. Zum Beispiel werden die Gründer des Solowki-Klosters, Zosima und Sawwati, gelegent-

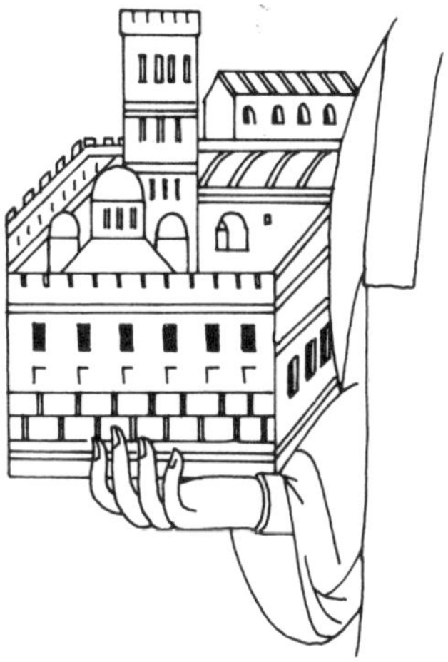

Abb. 12

Abb. 13

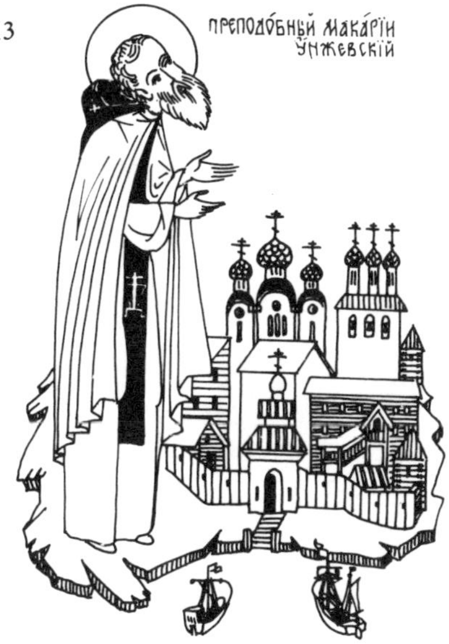

Abb. 14

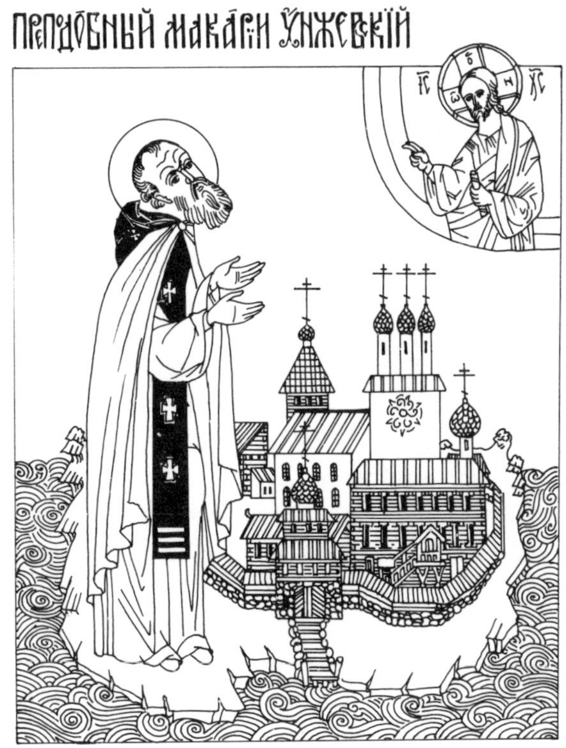

lich auf diese Art abgebildet, d.h., wie sie das von ihnen gegründete Kloster auf der Insel Solowki leiten. Häufiger war jedoch in Rußland die Darstellung des neben oder hinter dem Kloster stehenden Heiligen. *Abb. 13* und *14* bringen zwei Versionen des hl. Makarios, *Abb. 15* Gennadi von Ljubograd mit den jeweils von ihnen gegründeten Klöstern, *Abb. 16* ebenso Antonius, den Römer, auf der Reise zu dem von ihm gestifteten Kloster. Nach einer Legende floh Antonius vor seinen Feinden aus Rom, dabei sprang er auf einen Stein am Ufer, aus dem ein Stück herausbrach. Auf ihm schwamm er fort und kam nach Now-

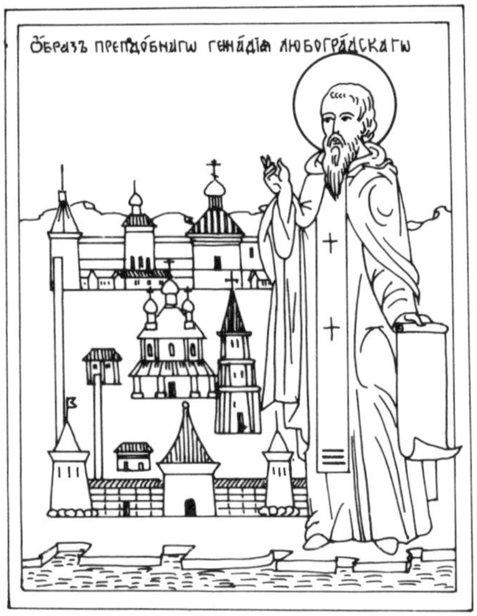

Abb. 15

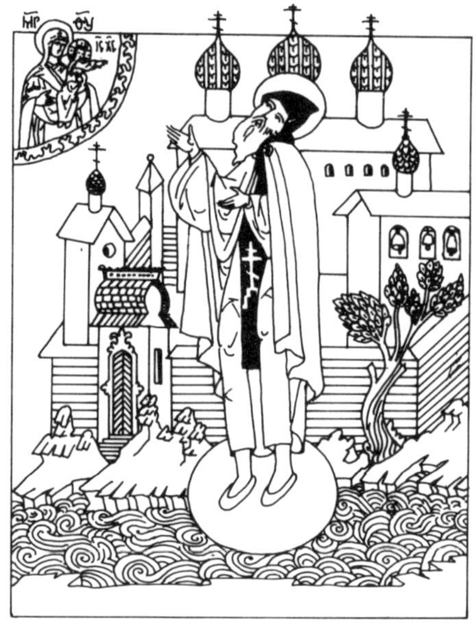

Abb. 16

Abb. 17

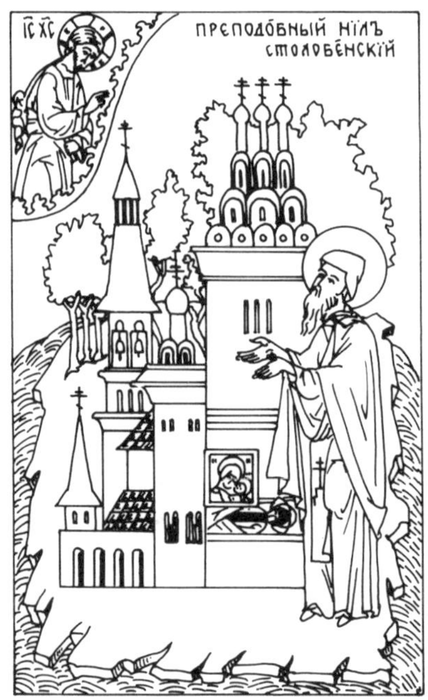

gorod, wo er ein Kloster gründete. Dieses Kloster existiert heute noch und bei Restaurationsarbeiten fand man Hinweise darauf, daß Antonius gar kein Römer, sondern höchstwahrscheinlich Franzose war. *Abb. 18* ist eine der oben erwähnten Darstellungen des Solowki-Klosters mit seinen Gründern. Selbst die Ikone vermittelt noch einen guten Eindruck von der gewaltigen Zahl der Klostergebäude.
Abb. 17 zeigt den seligen Nil von Stolobenski neben seinem Kloster, in dem ein liegender Mönch abgebildet ist. Dies deutet immer an, daß der abgebildete Heilige dort begraben ist.

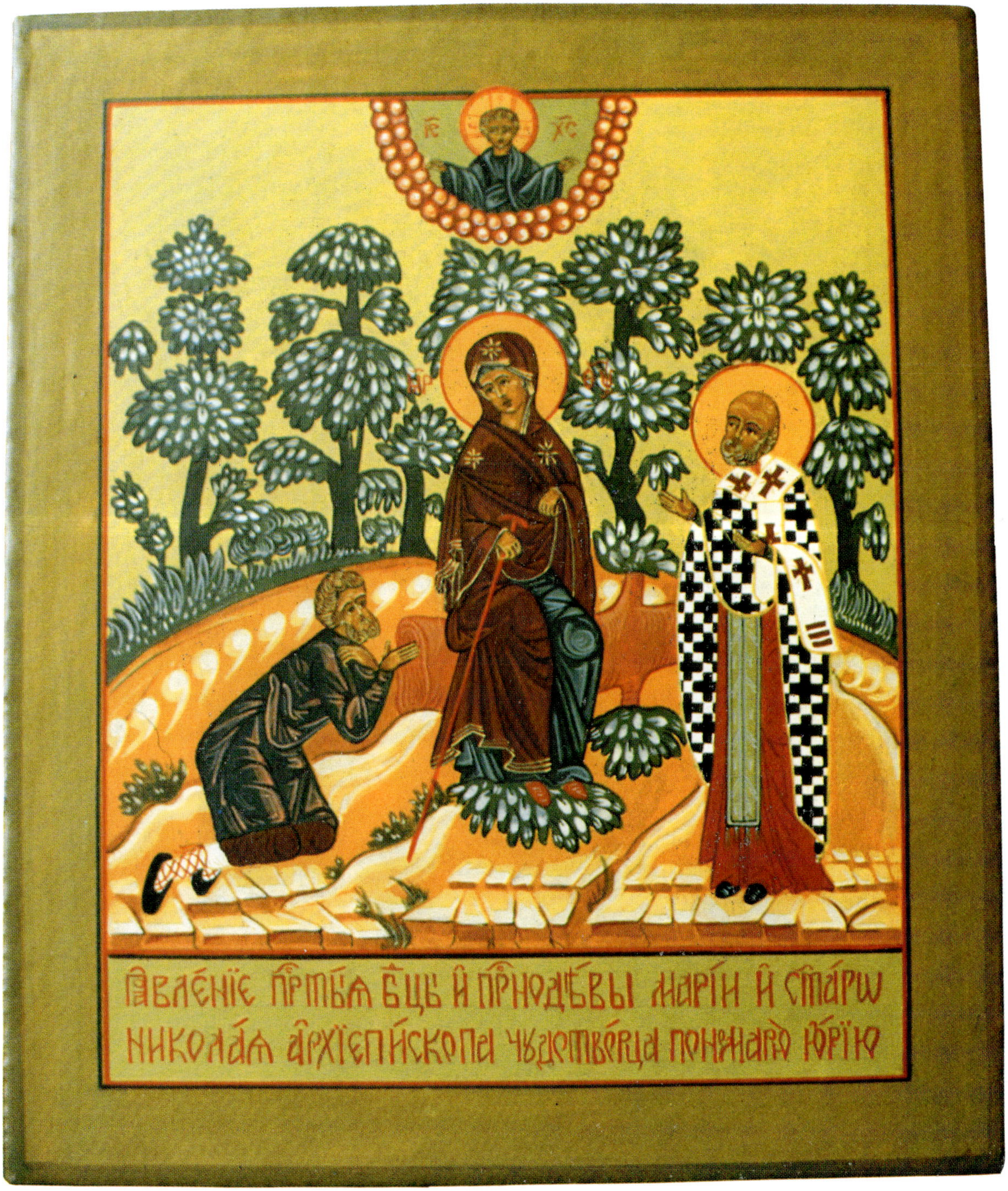

Die Mutter Gottes und der hl. Nikolaus erscheinen dem Kirchendiener Juri. Ursprünglich eine Randikone der Mutter Gottes von Tichwin (gemalt von Sirkku Lehtinen)

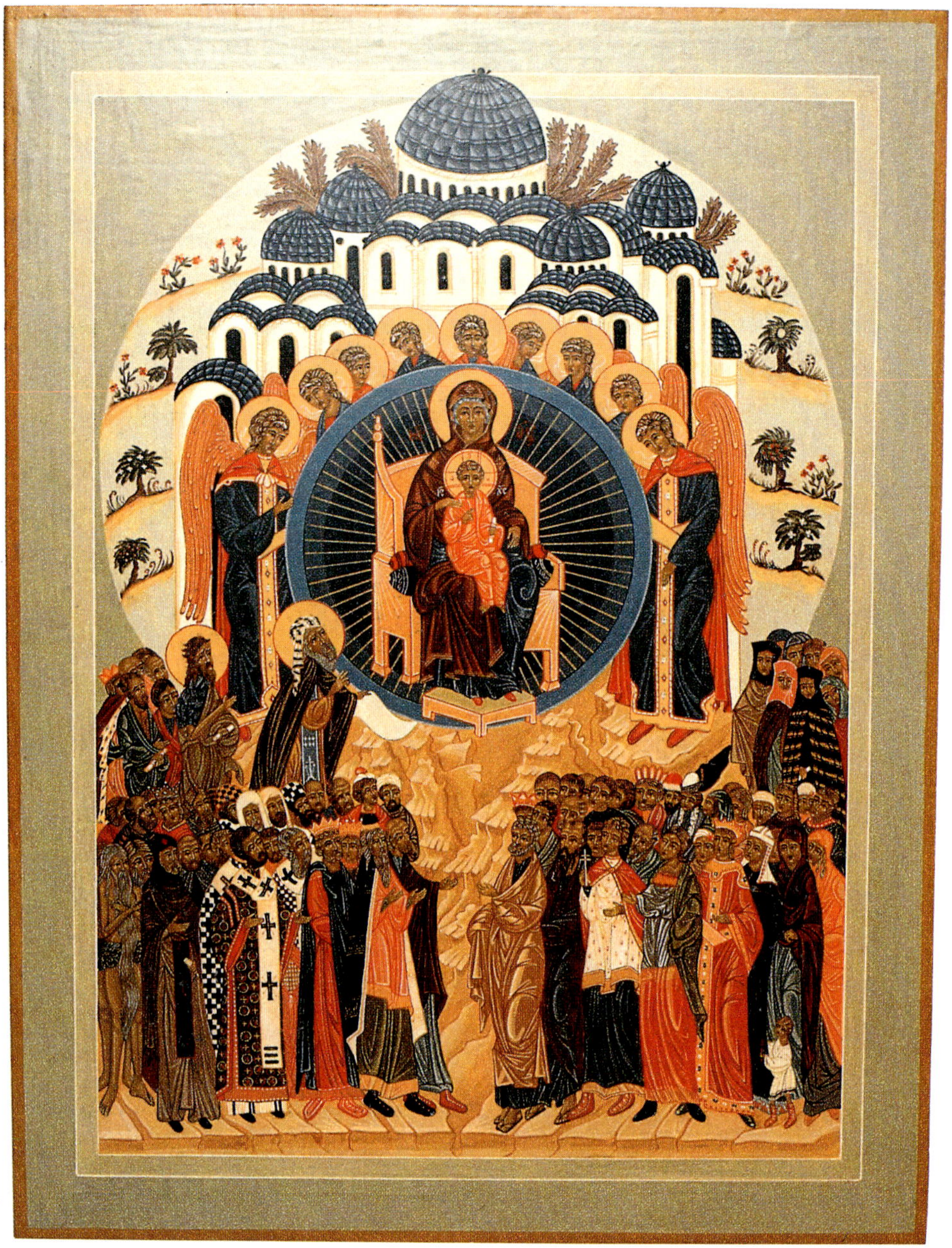

Mutter-Gottes-Ikone: »Über dich freut sich die ganze Welt« (gemalt von Sirkku Lehtinen)

Abb. nächste Seite links
Mönche des Solowki-Klosters retten bei stürmischer See einen hilflosen Mann namens Andrej aus einer Salztonne. Randikone

Der hl. Zosima erhält den Auftrag zur Gründung des Solowki-Klosters. Randikone

Flucht nach Ägypten. Kleine Randikone einer »Mutter Gottes der immerwährenden Hilfe«. Dieses Thema war in der apokryphen Literatur und der mittelalterlichen Malerei sehr beliebt. ▷

Die Heimsuchung. Kleine Randikone. Maria begegnet ihrer Verwandten Elisabeth, die wie sie ein Kind erwartet. Die Mutter Gottes trägt immer drei sternförmig geschmückte Kreuze auf ihrem Maphorion (auf beiden Schultern und über der Stirn).

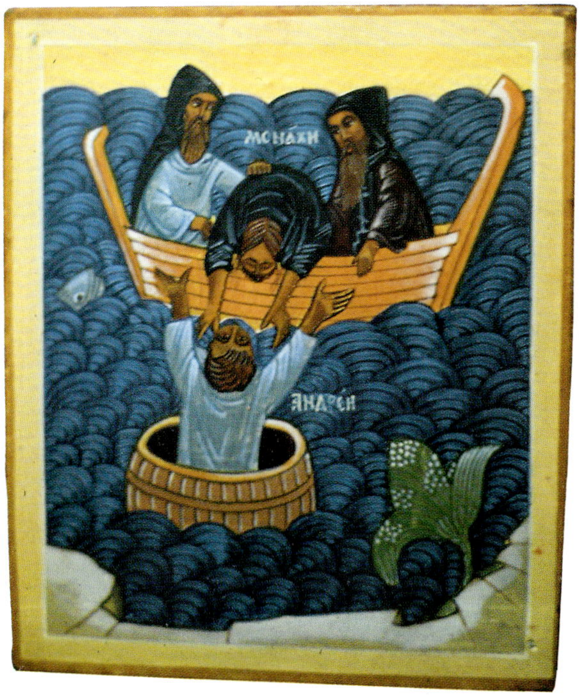
МОНАХИ
АНДРЕЙ

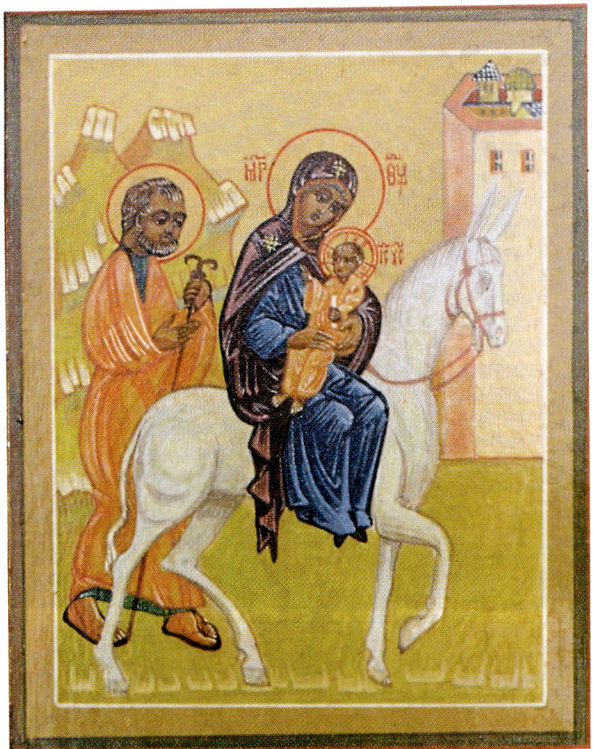

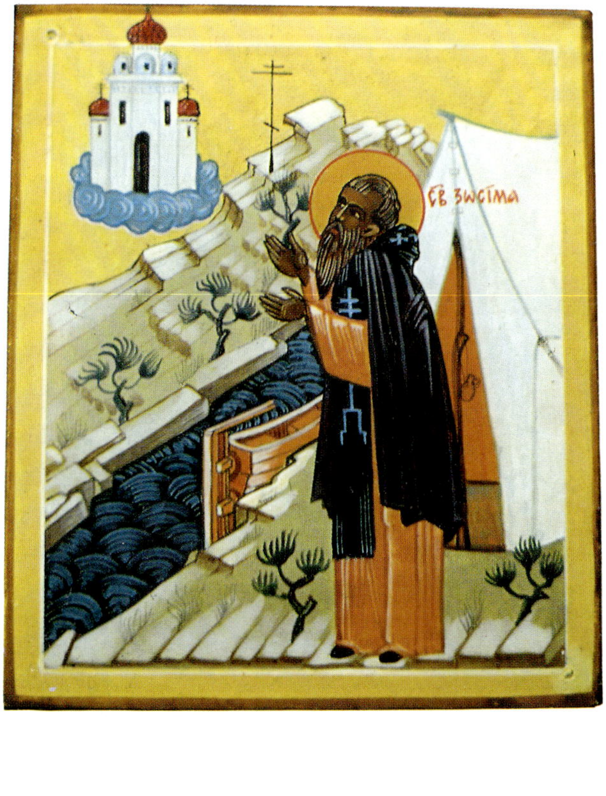
СВ ЗОСІМА

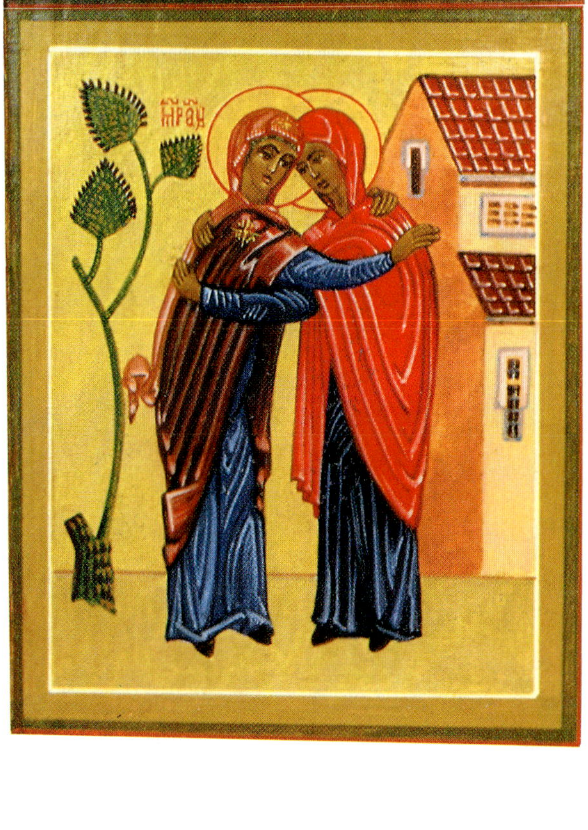

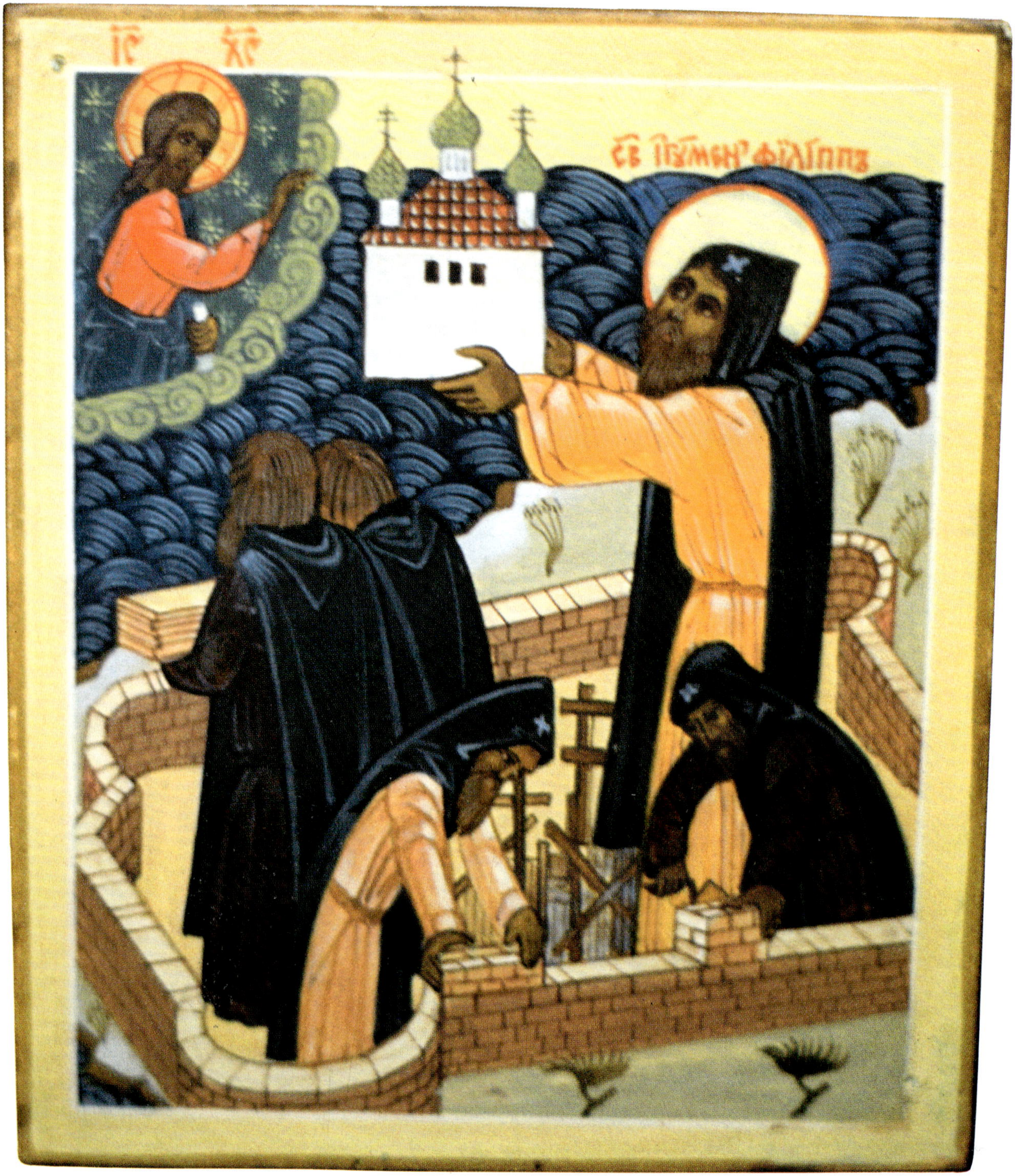

Der hl. Philipp, Abt des Solowki-Klosters, erhält den Auftrag zu einer Klostergründung. Er wurde später Patriarch von Moskau. Randbild einer Zosima- und Sawwati-Ikone

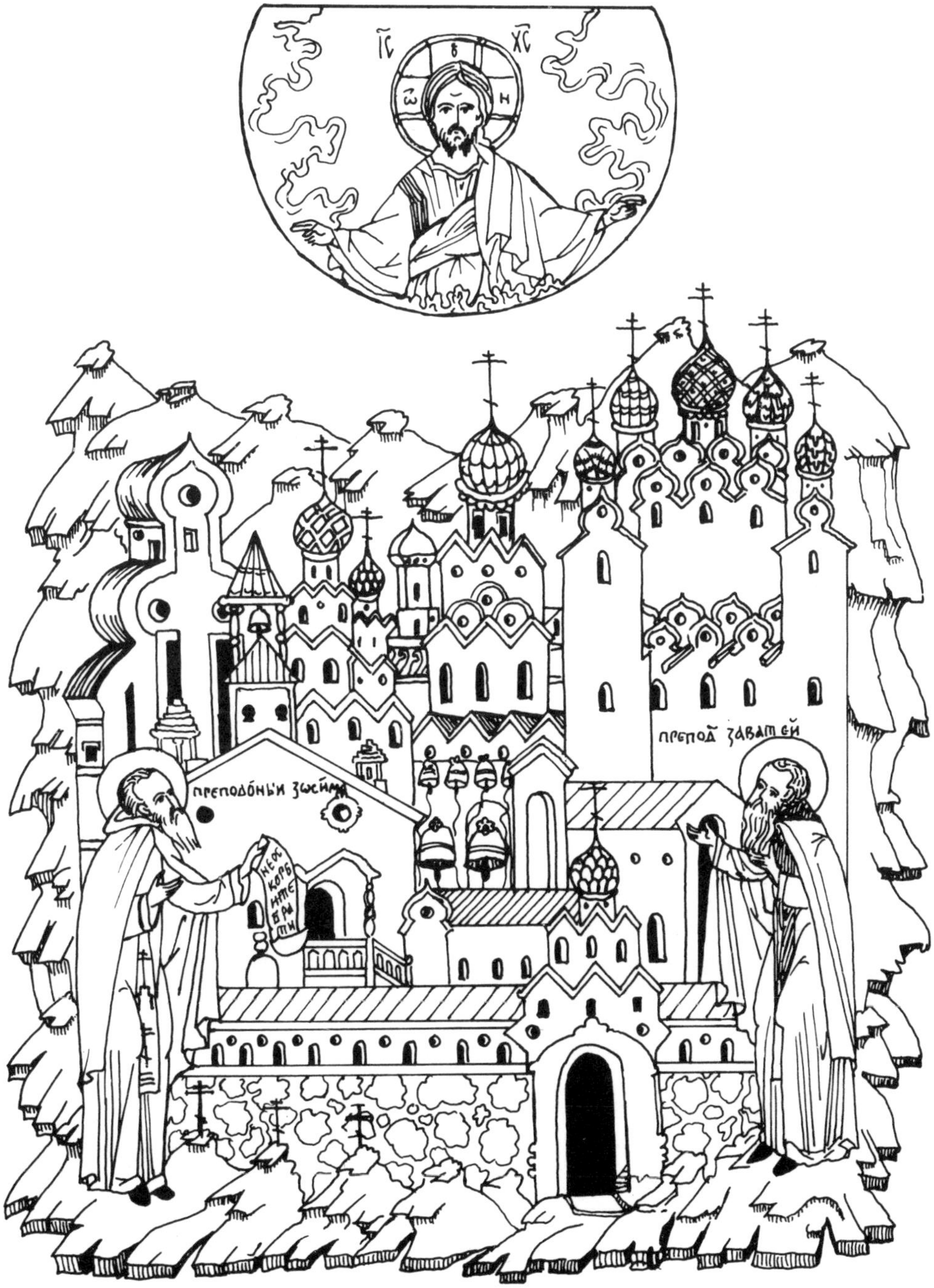

Abb. 18

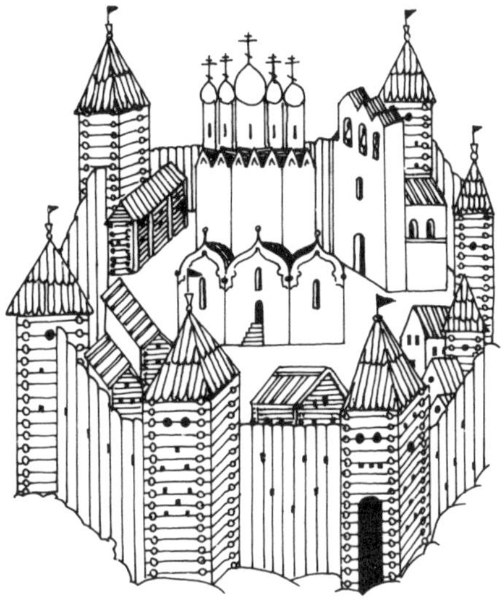

Abb. 19

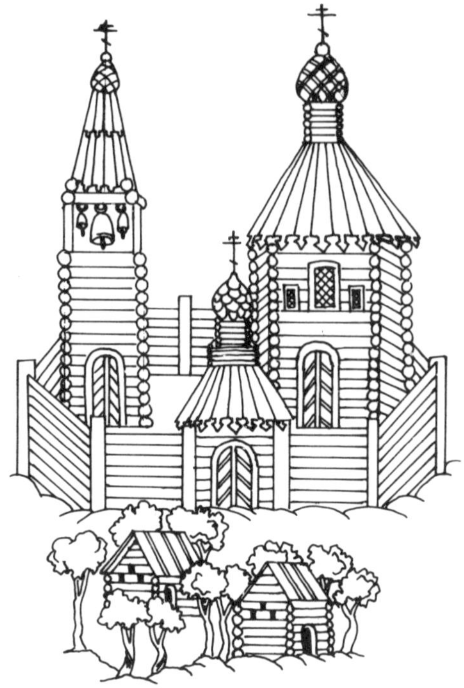

Abb. 20

Bei vielen der Ikonen, die Klöster zusammen mit ihren Gründern zeigen, kommen außerdem noch eine Reihe historischer Einzelheiten (Form der Hauptkirche, bekannte Gebäude u.a.), aber auch auf Legenden beruhende Details hinzu. Als Beispiel sei dafür die Legende vom Leben jenes Nil von Stolobenski angeführt, in der es heißt, einmal seien Räuber auf der Insel gelandet und hätten dort alle Wälder auf ihr abgebrannt. Dadurch sei das Kloster wegen des herannahenden Winters in eine große Notlage geraten, da das Brennholz gefehlt habe. Der Wald aber sei auf wunderbare Weise schnell nachgewachsen, und die Sorge war vorbei. Diese Legende ist der Grund dafür, daß auf den entsprechenden Ikonen im Hintergrund immer ein Wald abgebildet ist.

Im Rubljow-Museum in Moskau wird eine Ikone der Mutter Gottes von Tichwin aus dem Jahre 1680 aufbewahrt. Sie hat 24 Randikonen, die die historische Geschichte gerade dieser Ikone der Mutter Gottes von Tichwin erzählen. Auf vielen dieser Randikonen findet man ein Kloster (*Abb. 19*). So haben wir uns die Klöster in Nordrußland im 16. und 17. Jahrhundert vorzustellen. *Abb. 20* stammt aus einer Handschriftensammlung des 17. Jahrhunderts und gehört zur sog. Uwarovis-Sammlung (Staatliches Historisches Museum Moskau, Abb. 107). In der Handschrift finden sich 12 Klausen. Die Abbildung zeigt zwei von ihnen. Das Hauptkloster erhielt seinen Namen nach der von Nil Sorski – er lebte im 15. Jahrhundert – gegründeten Klause. Es ist ungewöhnlich, daß ein Hauptkloster seinen Namen nach einer Klause bekam, aber es ist tatsächlich geschehen, darum dieses Beispiel.

Abb. 21 rührt von einer Ikone des Alexander von Swer her, die sich im Nordkarelischen Museum in Joensuu befindet. Dort empfängt der Heilige vor seiner Hütte drei Engel. Auf unserer Abbildung ist die Hütte wiedergegeben.

Abb. 21

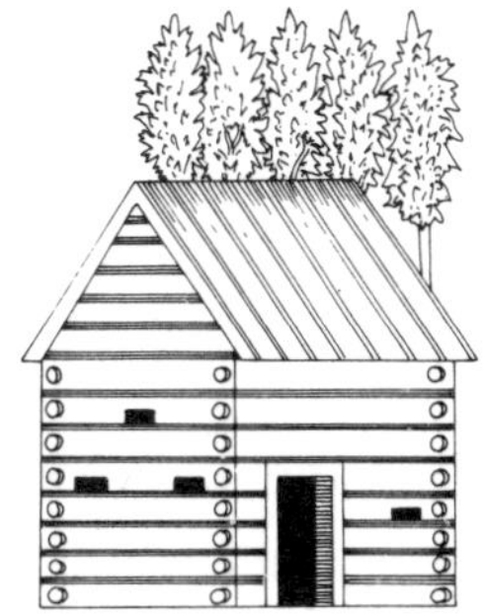

Gebäude

Im Hintergrund von Ikonenbildern, besonders der »erzählenden« Ikonen, findet man oft Gebäude, die, gut komponiert, die Darstellung des Hauptereignisses rhythmisch und ästhetisch intensivieren. Besonders oft werden die Gebäude so auf beide Seiten des Hauptereignisses plaziert, daß die Fassaden zum Mittelpunkt der Ikone weisen. Eine »umgekehrte« Perspektive wird immer verwendet, im allgemeinen eine, die jedem Gebäude seinen eigenen Fluchtpunkt gibt.

Der Baustil wechselt; oft ist es ein spätgriechischer mit Säulen und Dachbalkonen, doch dies ändert sich je nach dem darzustellenden Ereignis oder Heiligen (z.B. bei karelischen oder nordrussischen Ikonen).

Wenn die Dächer zweier Gebäude durch ein hängendes Tuch miteinander verbunden werden, ist das ein Zeichen dafür, daß sich das auf der Ikone dargestellte Ereignis im Hausinnern abspielte (*Abb. 22–26*). Befindet sich zwischen auf diese Weise miteinander verbundenen Häusern noch ein drittes Gebäude, so stellt dies meist einen Altar dar, über dem sich ein Wetterdach, der sogenannte Baldachin, wölbt (*Abb. 23*).

Ein besonderes Kennzeichen für den Stil Stroganows ist das kreuzförmige Dach des

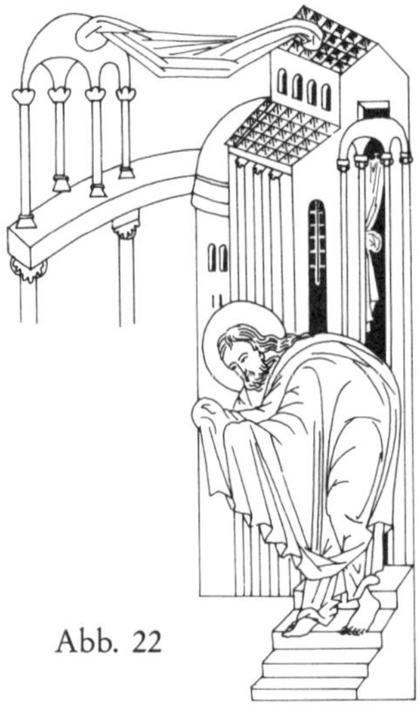

Abb. 22

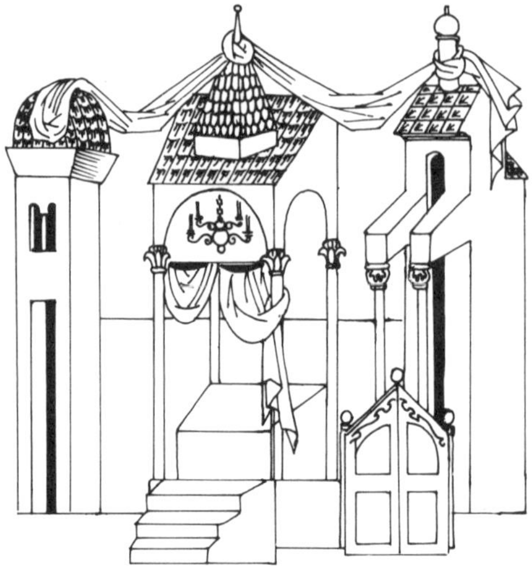

Abb. 23

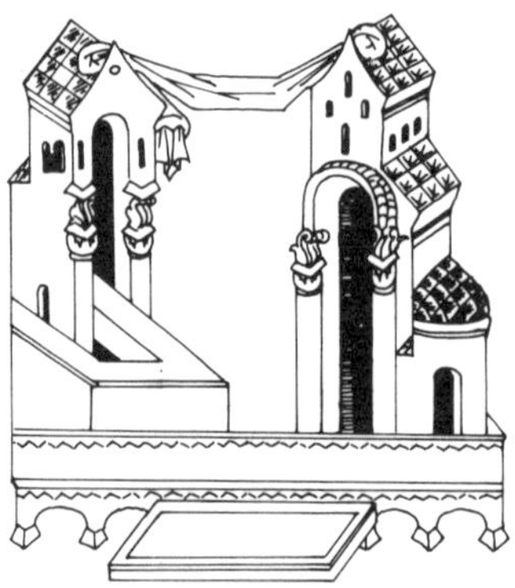

Abb. 24

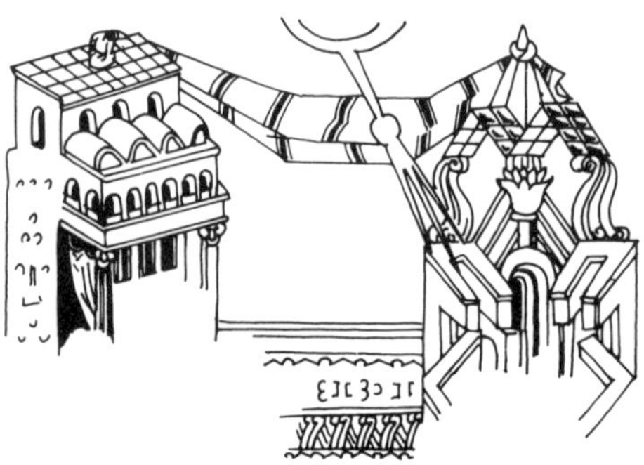

Abb. 25

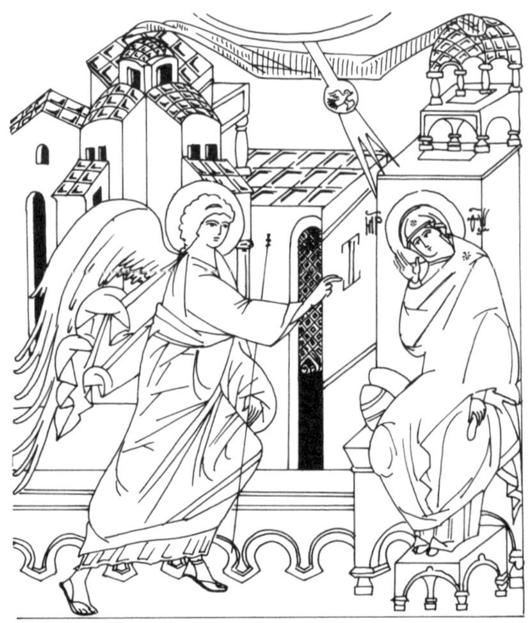

Abb. 26

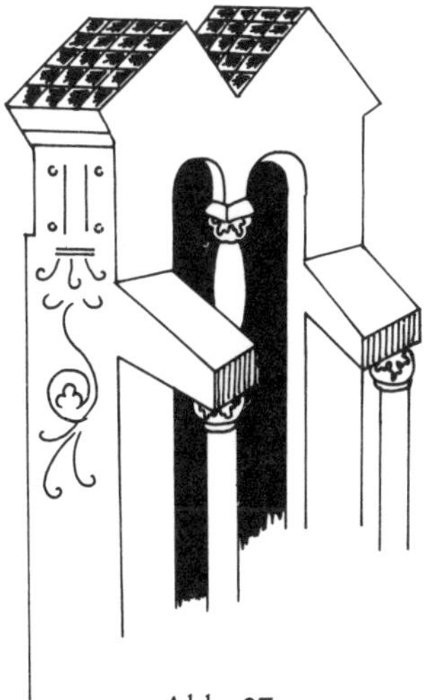

Abb. 27

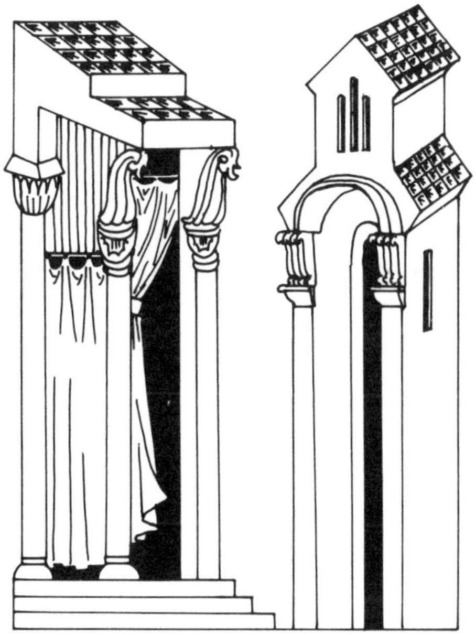

Abb. 28

letzten Geschosses der Gebäude. Bemerkenswert ist, daß man sich bei der Ikone der »Dreifaltigkeit des Alten Testamentes« hinsichtlich der Darstellung der Gebäude nicht an den Wortlaut des Textes (1 Moses 18,1) hält. Dem Text nach müßte nämlich Abraham vor dem Eingang seines Zeltes sitzen und nicht vor einem verhältnismäßig großen Gebäude wie auf den Ikonen. Die berühmte »Dreifaltigkeit« Rubljows tut hier also nicht recht.

Abb. 27 rührt von einer aus dem Jahre 1550 stammenden Ikone der »Dreifaltigkeit des Alten Testamentes« her. Die *Abb. 28* und *29* stammen von einer Verkündigungsikone, *Abb. 30* ist typisch für den sowohl auf griechischen wie auf russischen Ikonen anzutreffenden Dachschmuck.

Abb. 29

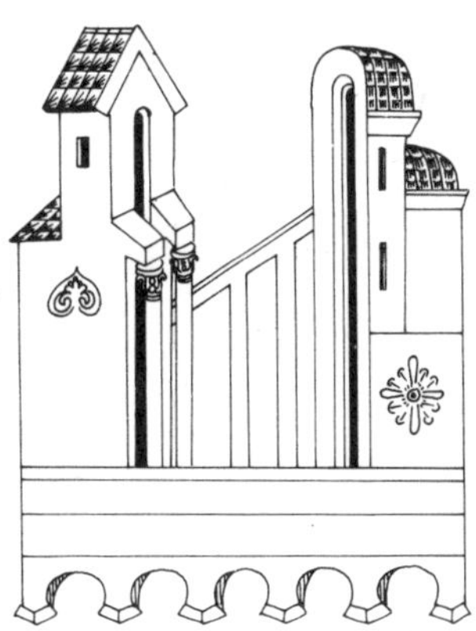

Abb. 30

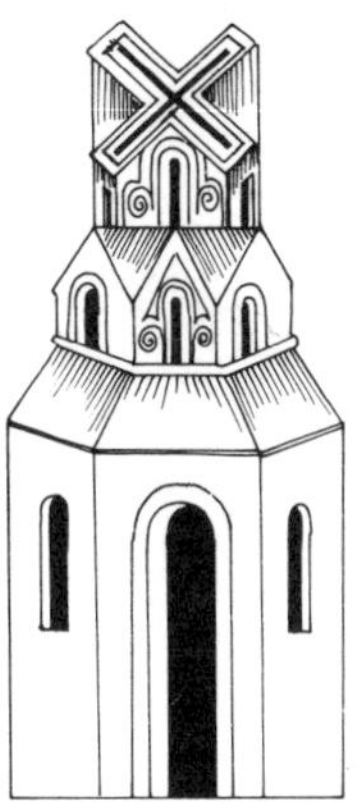

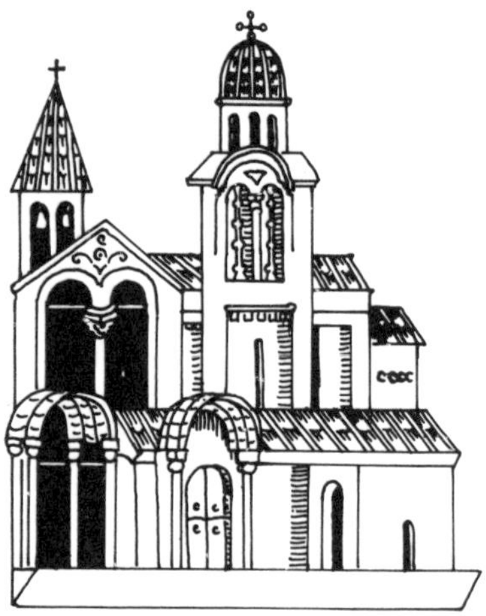

Abb. 31

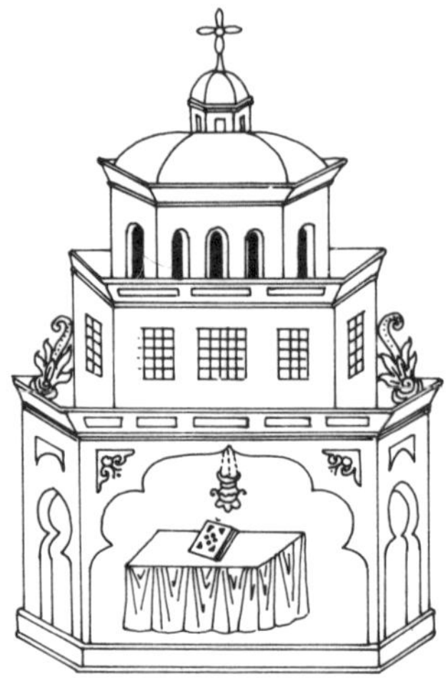

Abb. 32

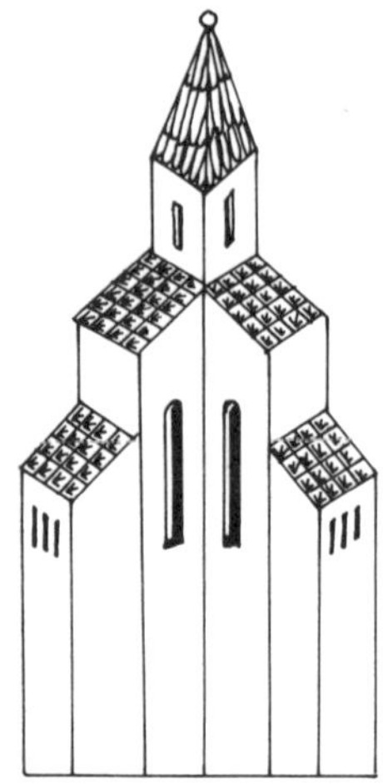

Abb. 33

Kirchen

Der Stifter einer Kirche wird auf den Ikonen oft mit einem Miniaturmodell der Kirche in der Hand dargestellt. Ein Beispiel dafür ist *Abb. 31*, wo der Erzbischof Danilo (1324–1337) und der neben ihm stehende Prophet Daniel das Modell einer Kirche tragen[4]. Die Apostel Petrus und Paulus werden in den Festtroparien Säulen der Kirche genannt, weshalb sie auf Ikonen oft ein Kirchenmodell tragen. *Abb. 32* wurde von einer griechischen Ikone kopiert, auf der die 12 Apostel dargestellt sind. Dort tragen Petrus und Paulus eine kleine Kirche, die vorne so weit offen ist, daß man den Altar sehen kann[5].

Teils sind diese Miniaturkirchen sehr einfach gehalten (*Abb. 33–35*), teils ausgeschmückt wie in der *Abb. 36*, die von einer Ikone des Johannes Klimakos stammt. *Abb. 37* ist typisch für die Kirchen auf den Solowki-Kloster-Ikonen. Als Beispiel für die Holzarchitektur steht *Abb. 38*, kopiert von einer Randikone der Mutter Gottes von Tichwin. Trägt die Spitze ein Kreuz, handelt es sich immer um den Turm oder die Kuppel einer christlichen Kirche. Wenn jedoch irgendein anderes kuppelartiges Gebäude abgebildet ist, trägt es natürlich kein Kreuz. Als Beispiel hierfür dient *Abb. 39*; hier sitzt der Christus-Emmanuel inmitten der Schriftgelehrten vor dem Hintergrund des Jerusalemer Tempels.

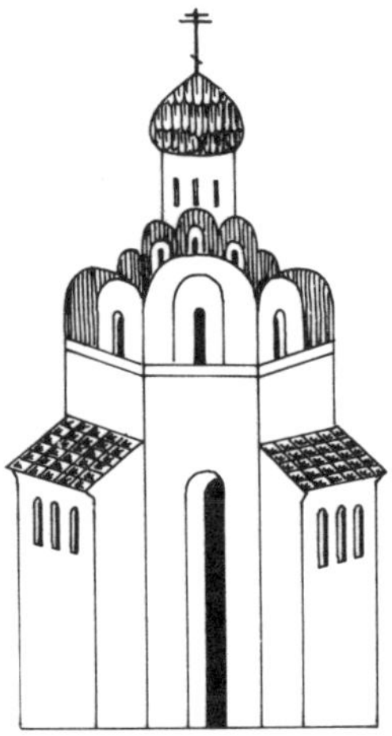

Abb. 34

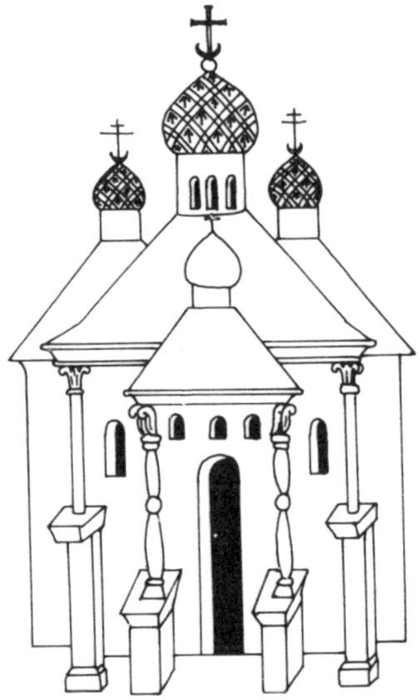

Abb. 35

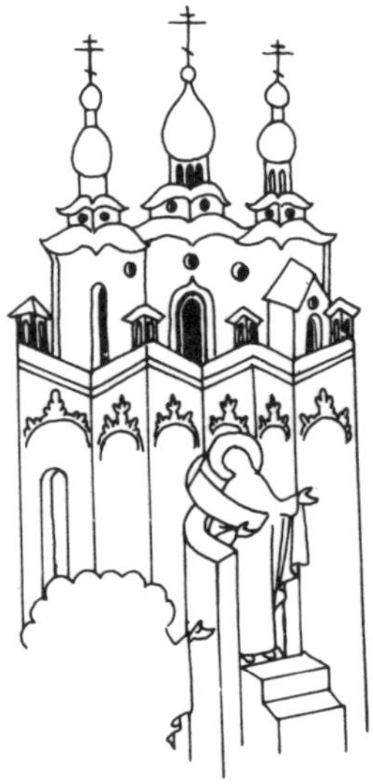

Abb. 36

Abb. 37

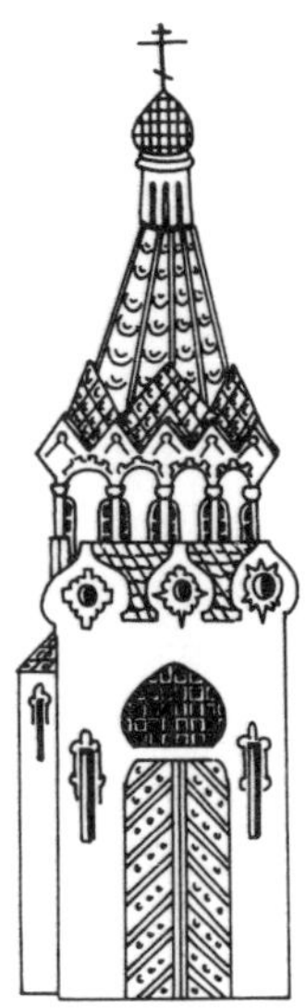

Abb. 38

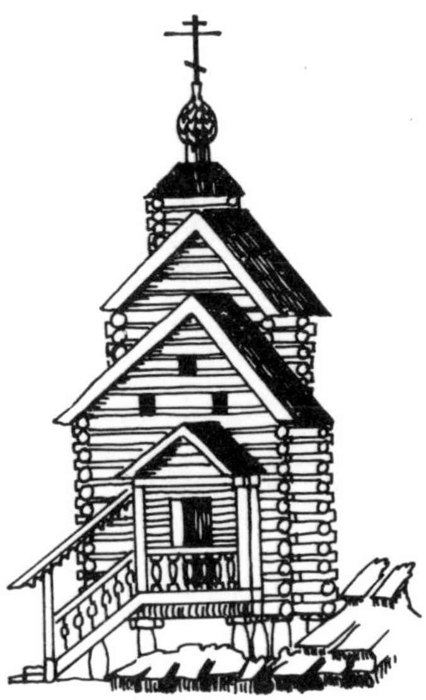

Abb. 39

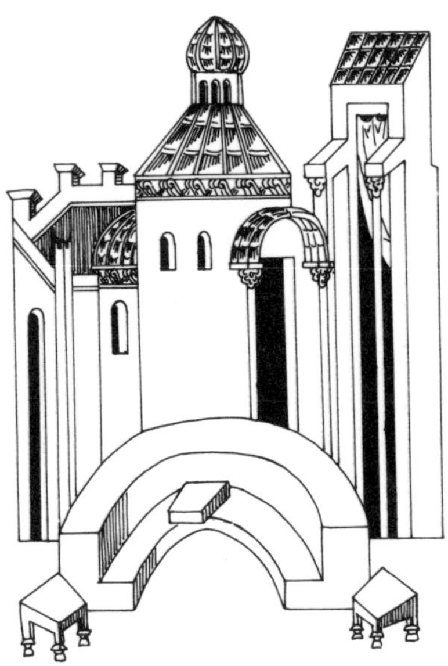

Gefängnisse

Sehr oft sieht man Gefängnisse auf »biographischen« Ikonen. Sie erzählen von den schmerzhaften Folterungen eines Heiligen oder davon, wie der Heilige den Gefangenen hilft. Z.B. wird der Lebensbeschreibung des hl. Nikolaus oft eine Legende angefügt, in der er vom Kaiser den Freispruch dreier unschuldig zum Tode Verurteilter erlangt und geht, um den Gefangenen die gute Nachricht zu überbringen (*Abb. 40*). Apostelgeschichte 12,6–10 erzählt von der Befreiung des Petrus aus dem Gefängnis. Diese Ikone erscheint im allgemeinen auf dem Rand der Biographie-Ikone des hl. Petrus. Oft findet man auf dem Bild zwei Sol-

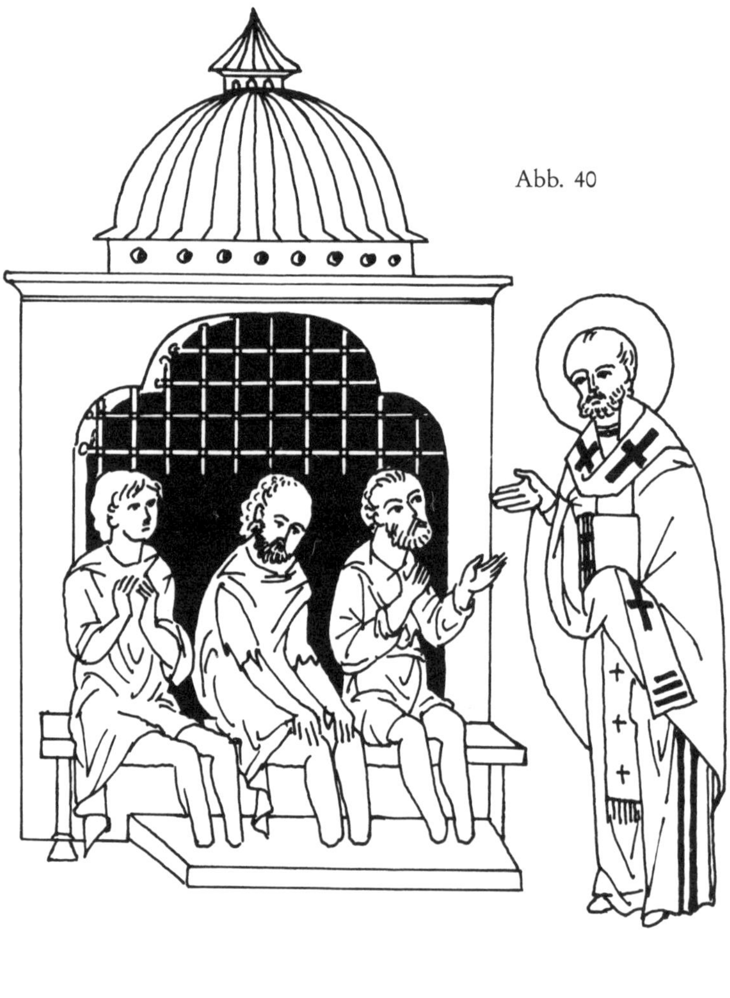

Abb. 40

daten, aber genauso häufig werden sie auch weggelassen (*Abb. 41*).

Auf der Ikone von der Hinrichtung Johannes des Täufers ist im Hintergrund ein Gefängnis zu sehen. *Abb. 42* stammt von der Stroganow-Schule aus dem Anfang des 17. Jahrhunderts[6]. Auch *Abb. 43* ist ein Detail einer Ikone, die die Hinrichtung des Johannes erzählt. Sie kommt aus derselben Schule[7].

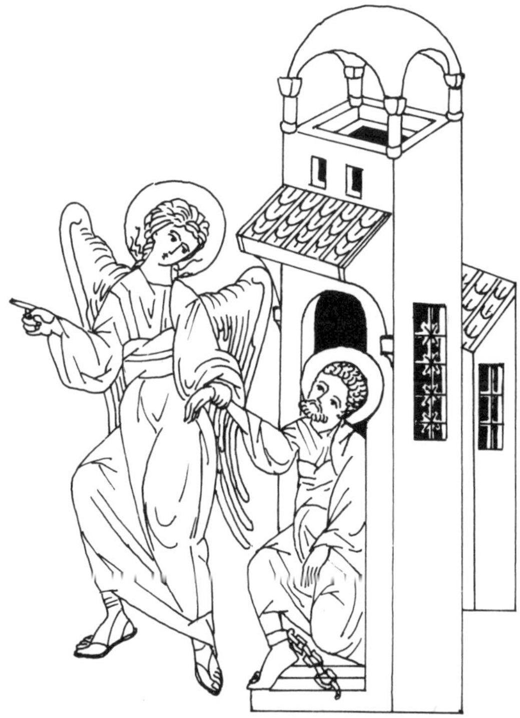

Abb. 41

Abb. 42

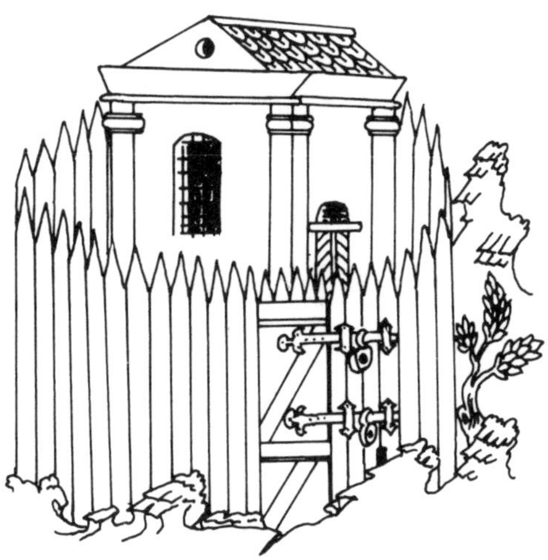

Abb. 43

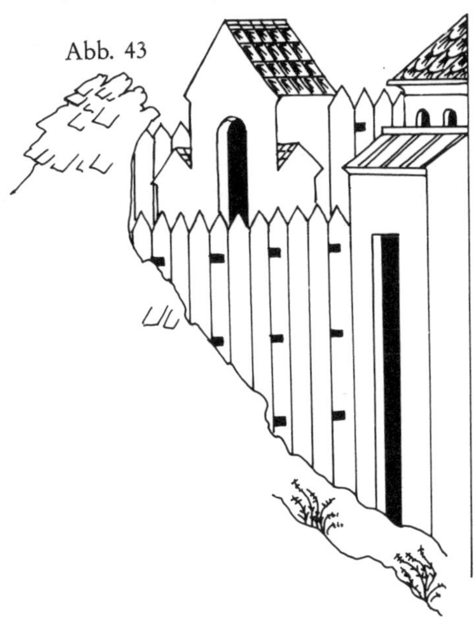

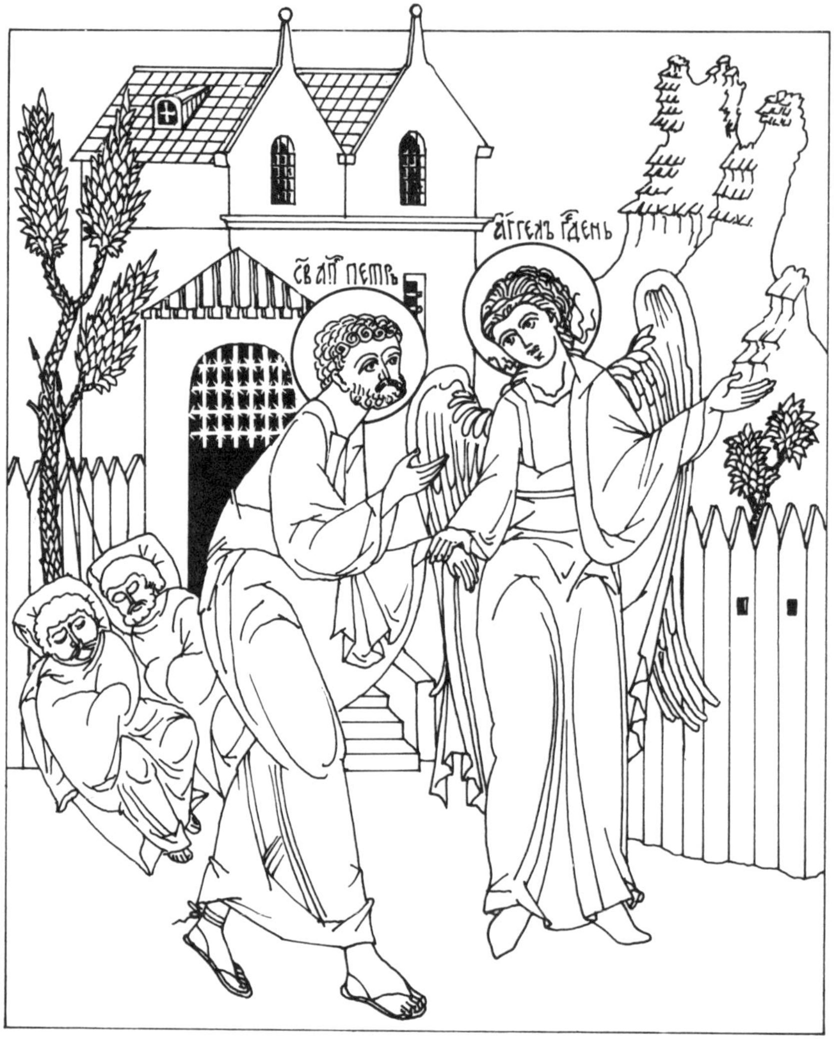

Abb. 43a: Der Engel befreit Petrus aus dem Gefängnis

Mauern

Auf den Ikonen der »Kreuzigung Christi« findet man fast ausnahmslos im Hintergrund die Mauern der Stadt Jerusalem. Man sollte keine Gebäude, Türme oder sonstige Erhebungen hinter die Mauern malen, weil das auf diesen Ikonen immer störend wirkt. Im allgemeinen ist eine Stadt im Hintergrund einer Ikone immer von Mauern umgeben (»Der Einzug Christi nach Jerusalem«, »Die hll. Frauen am Grabe« usw.). Auf anderen Ikonen, die zu beiden Seiten Gebäude aufweisen, sind

Abb. 44–47

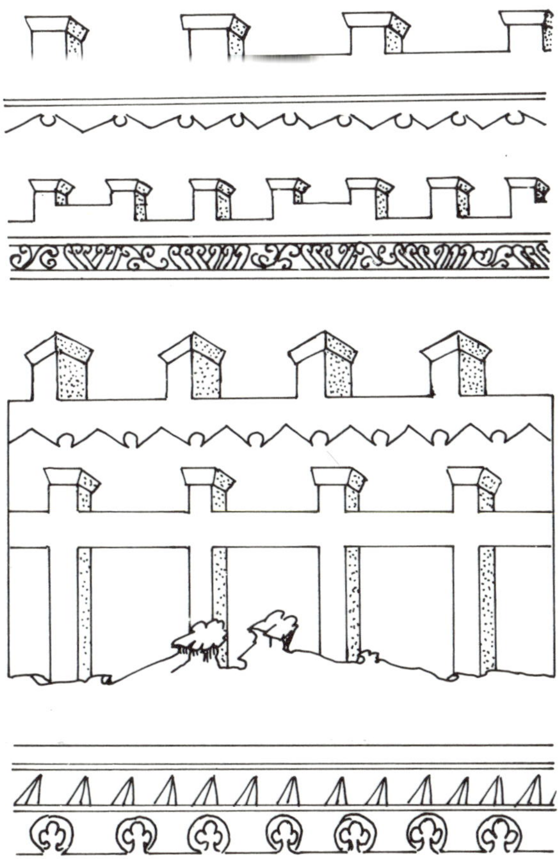

Abb. 48

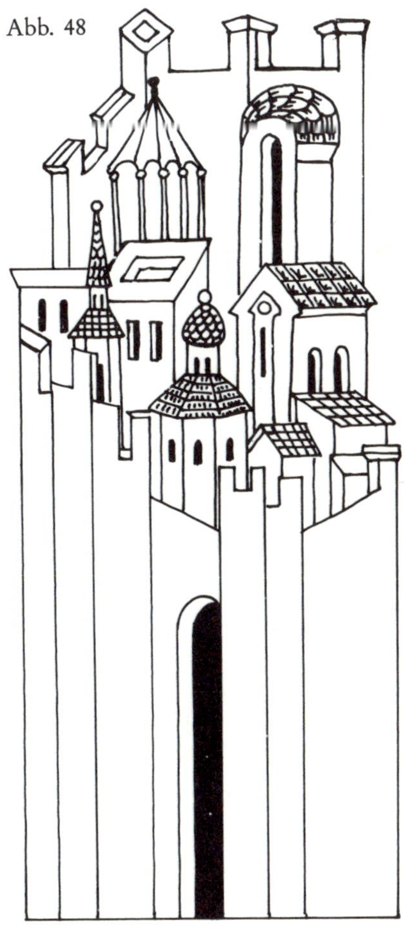

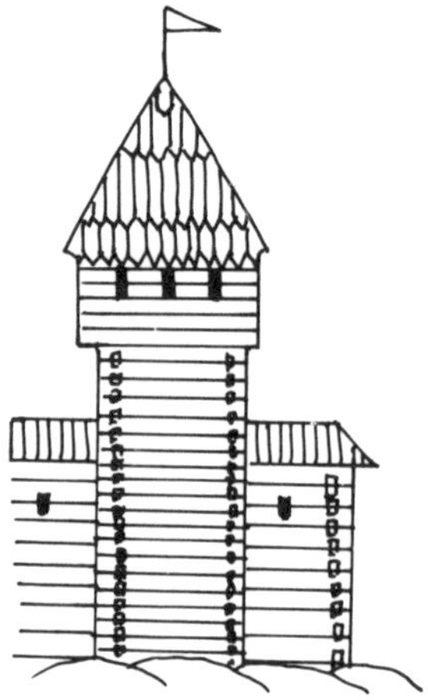

Abb. 49

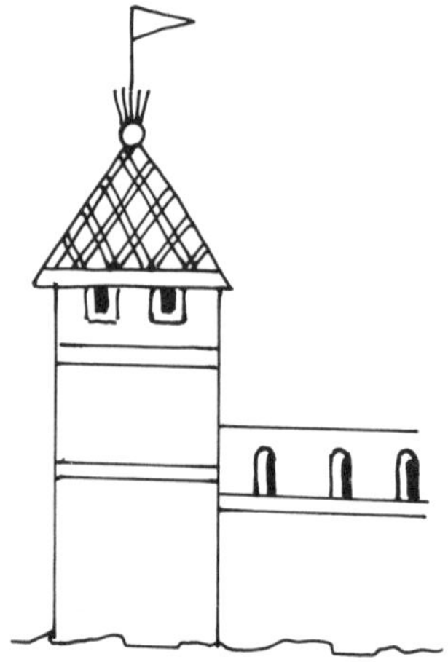

Abb. 50

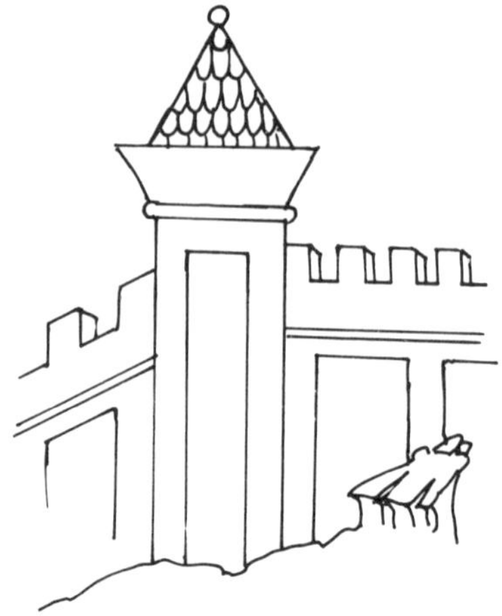

Abb. 51

Abb. 52

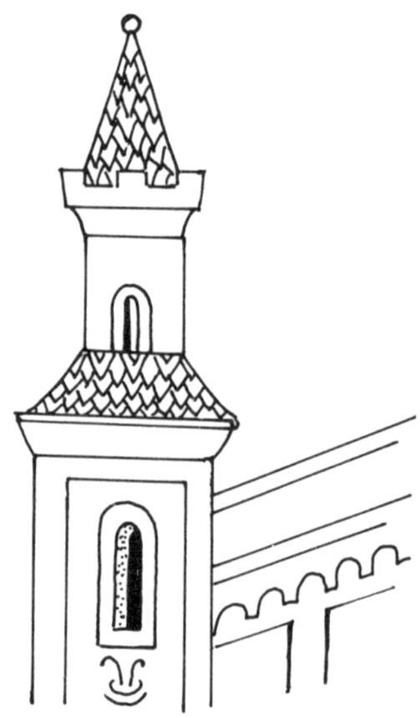

diese durch eine Mauer verbunden (z.B. »Die Verkündigung«, »Christi Darstellung im Tempel«). Auf den *Abb. 44–47* findet man Beispiele für die Gestaltung der Mauern, die für Ikonen der »Kreuzigung Christi« gedacht sind. Weitere Möglichkeiten können Sie den Beispielen in den Abschnitten »Städte« und »Klöster« entnehmen.
Die *Abb. 48–54* zeigen Kompositionsmöglichkeiten der Mauerelemente in Holz- und Steinarchitektur. *Abb. 54* bringt im unteren Teil drei Modelle für Dachschindeln holzgedeckter Häuser.

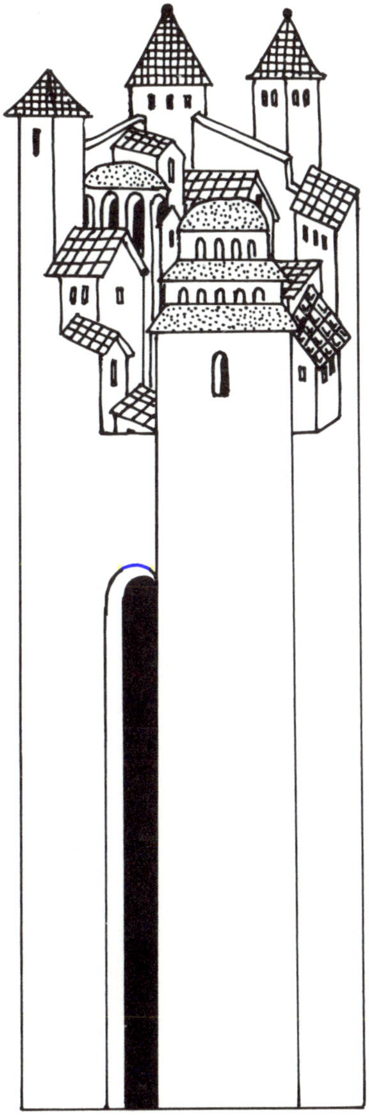

Abb. 53

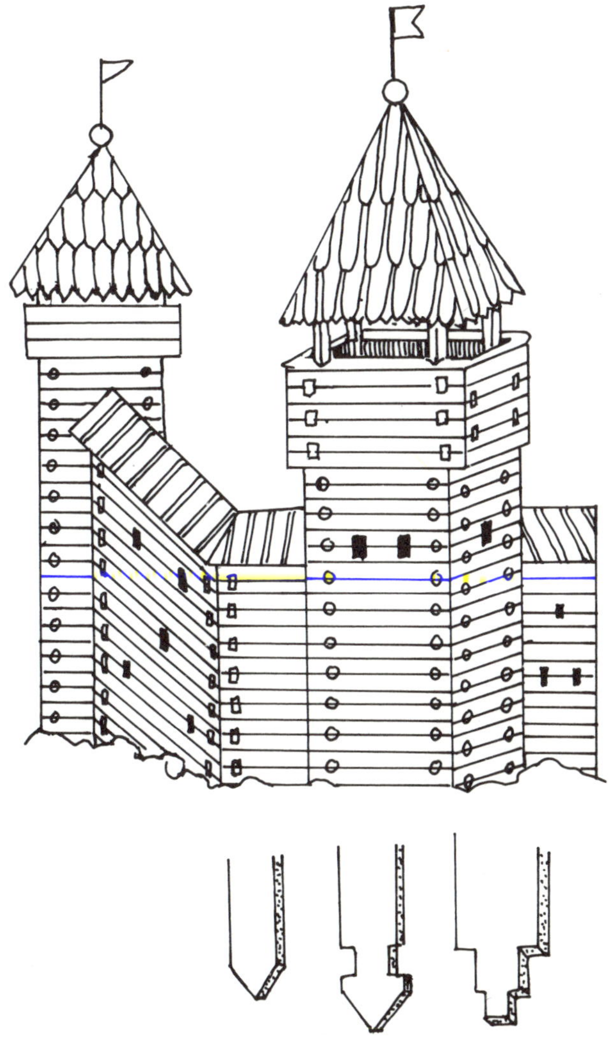

Abb. 54

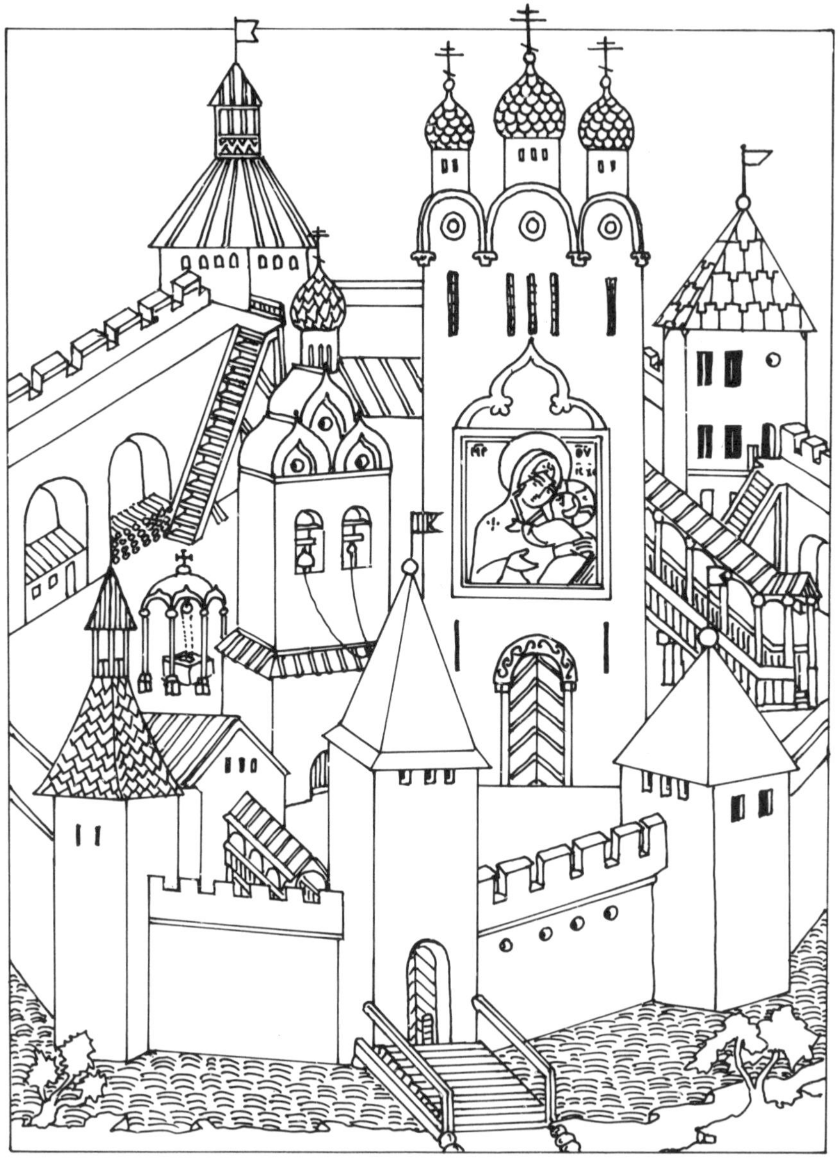

Abb. 54a: Gruppe russischer Klostergebäude

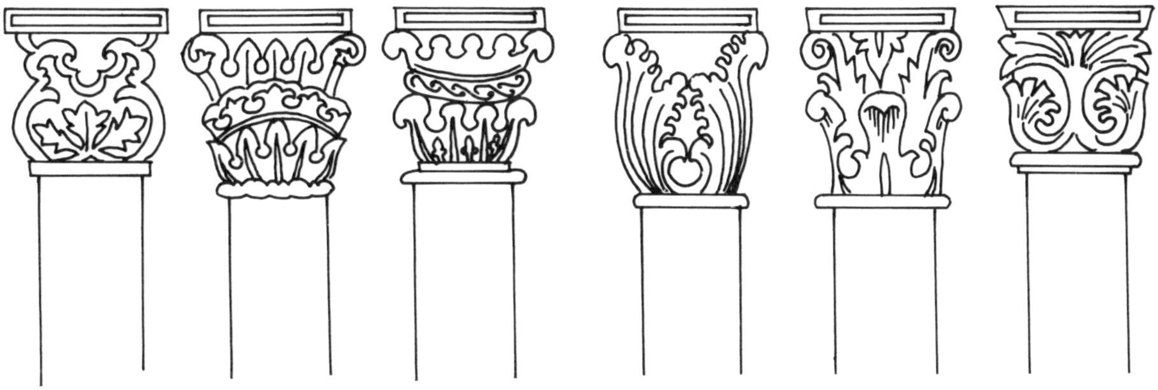

Abb. 55–60

Abb. 61

Abb. 62

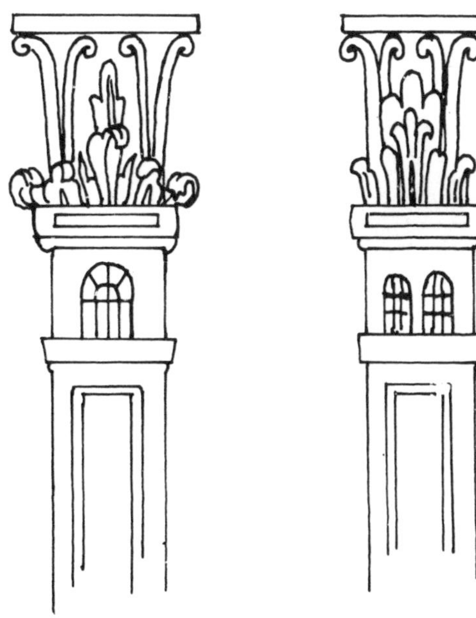

Säulen

Die Gebäude auf Ikonen sind oft mit Säulen ausgestattet, deren Kapitellschmuck dem Betrachter oft unklar bleibt. Auf den *Abb. 55–66* werden verschiedene Beispiele dargestellt, die dem Maler eine Hilfe sein sollen.
Zwei der *Abb., 61* und *62,* stellen eine Besonderheit dar, sie tragen die Handschrift Semen Spiridonows (1642–1695). Man nannte ihn nach seiner Geburtsstadt Semen Spiridonow Cholmogorski[8].

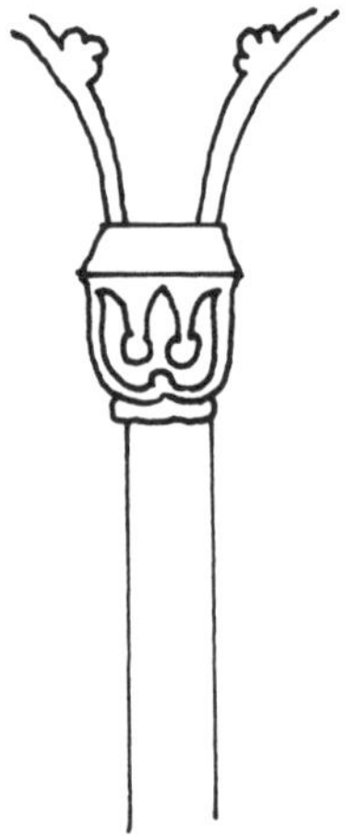

Abb. 63

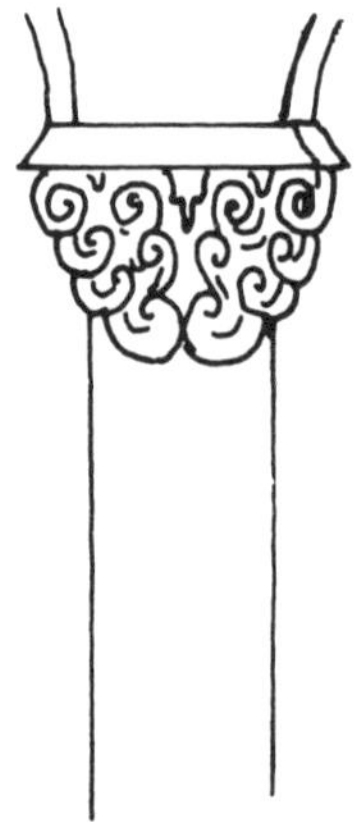

Abb. 64

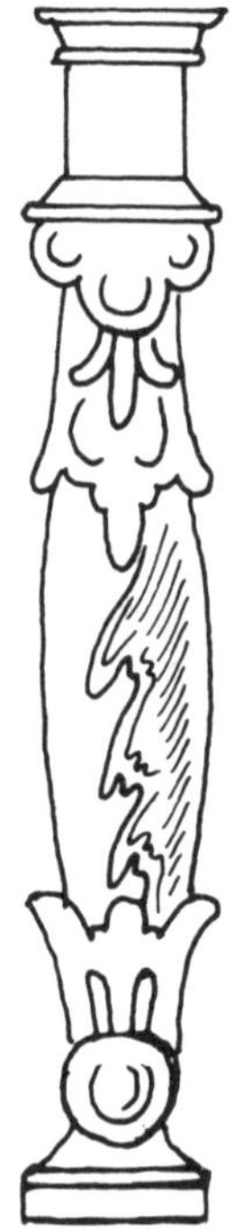

Abb. 65

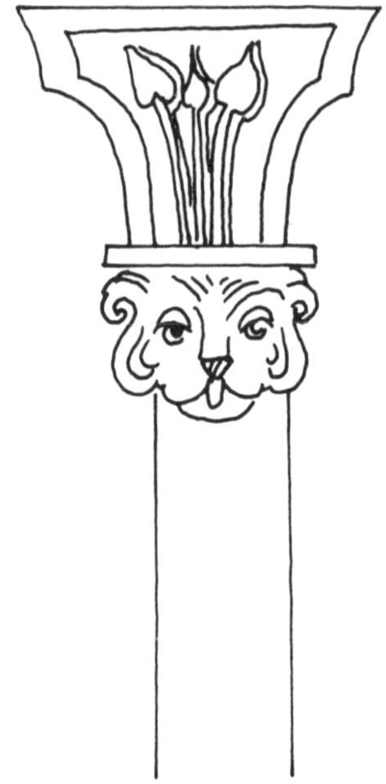

Abb. 66

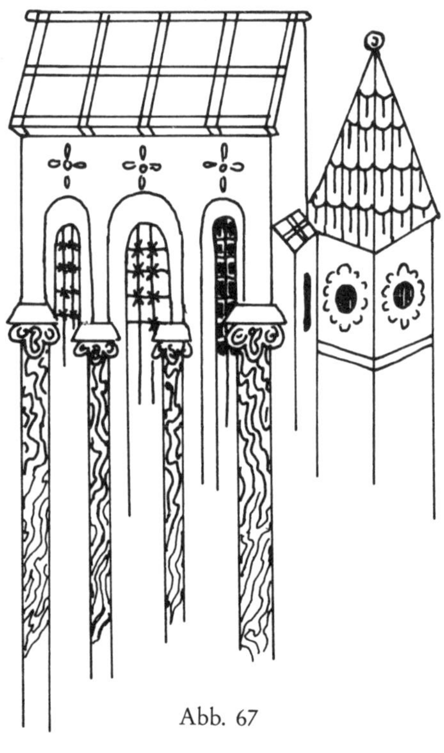

Abb. 67

Abb. 67 ist ein Detail einer Ikone, auf der Säulen mit einer Marmoroberfläche dargestellt sind. Besonders charakteristisch sind solche Säulen für griechische Ikonen.

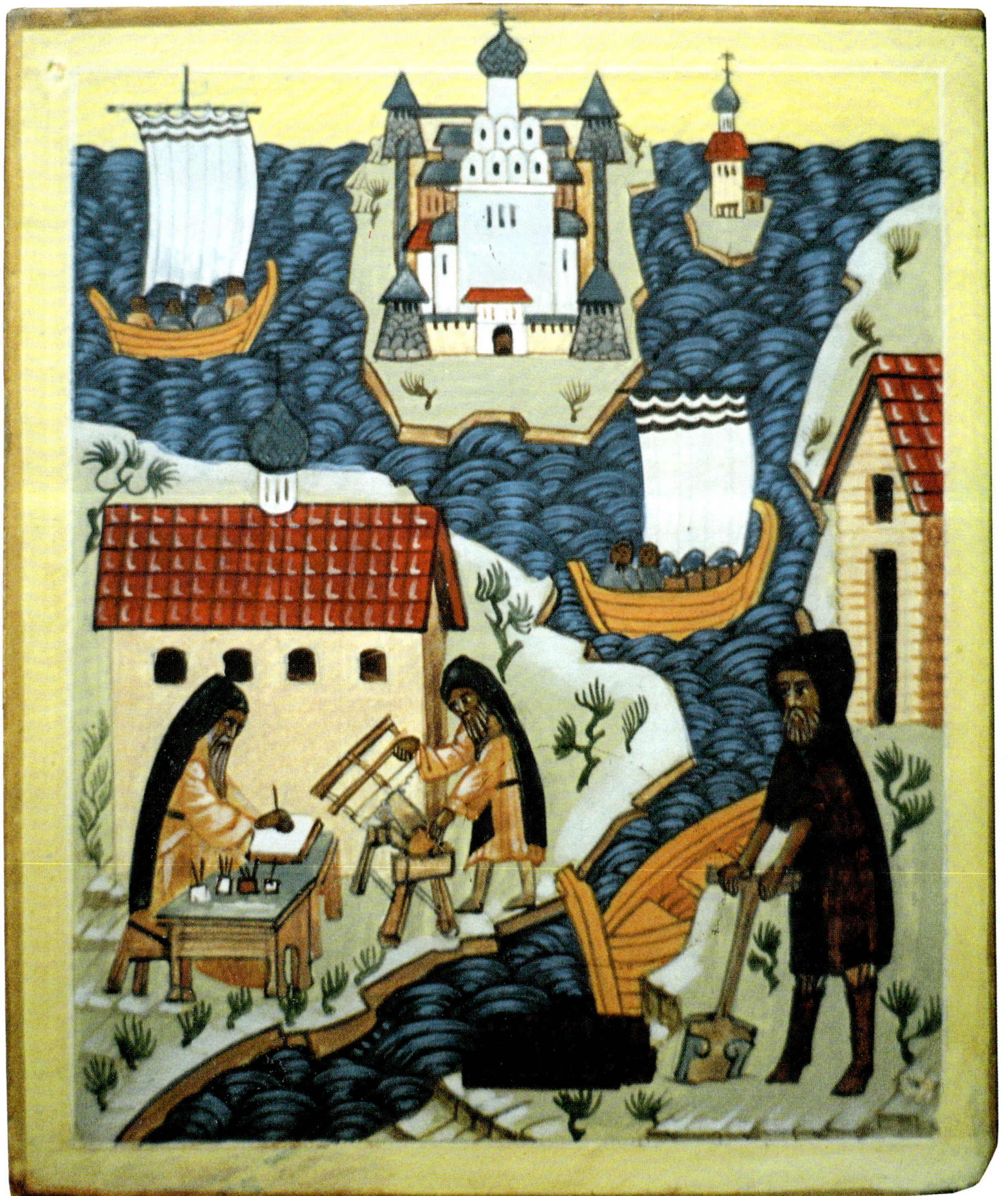

Szene aus dem Klosterleben des Solowki-Klosters. Die kleine Randikone einer Zosima- und Sawwati-Ikone belegt die Detailfreudigkeit osteuropäischer Ikonenmalerei.

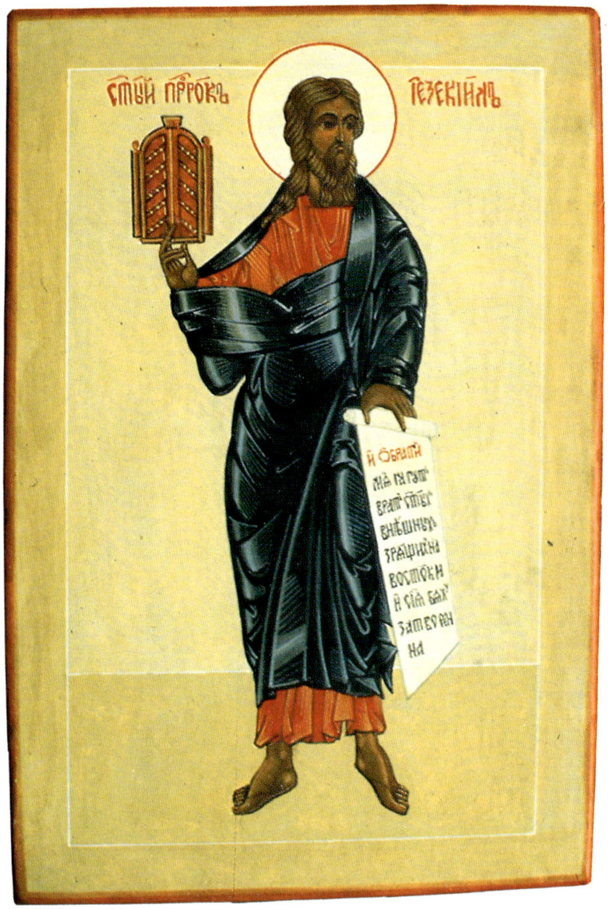

Der Prophet Ezechiel (Jesekiel, Hesekiel). Die geschlossene Tür seiner Vision wird als Vorankündigung Mariens gedeutet.

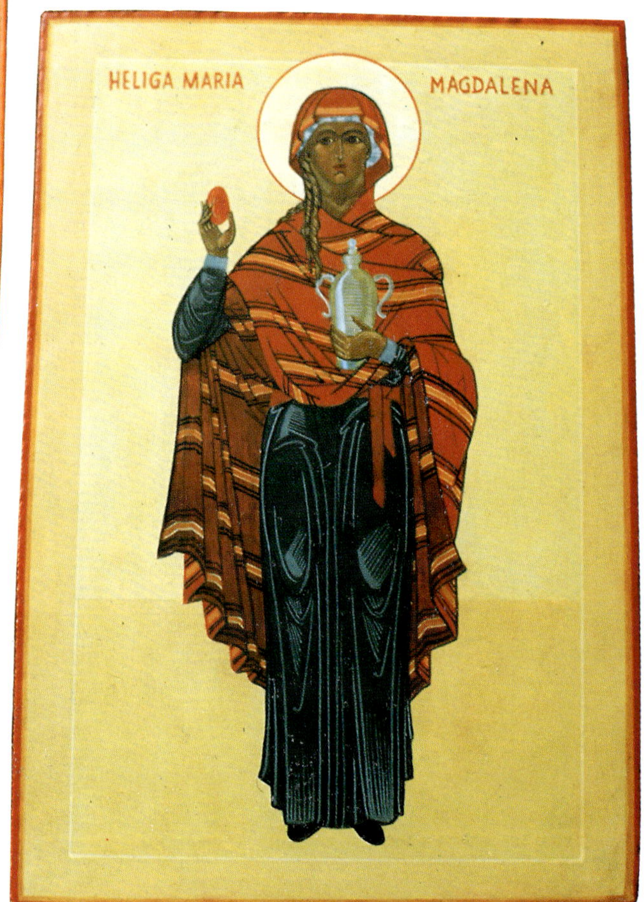

Die hl. Maria Magdalena. Sie gehört zu den drei Frauen am Grabe, die die ersten Zeugen der Auferstehung werden. Daher das Salbgefäß in ihrer Linken und das traditionelle rote Osterei in der Rechten.

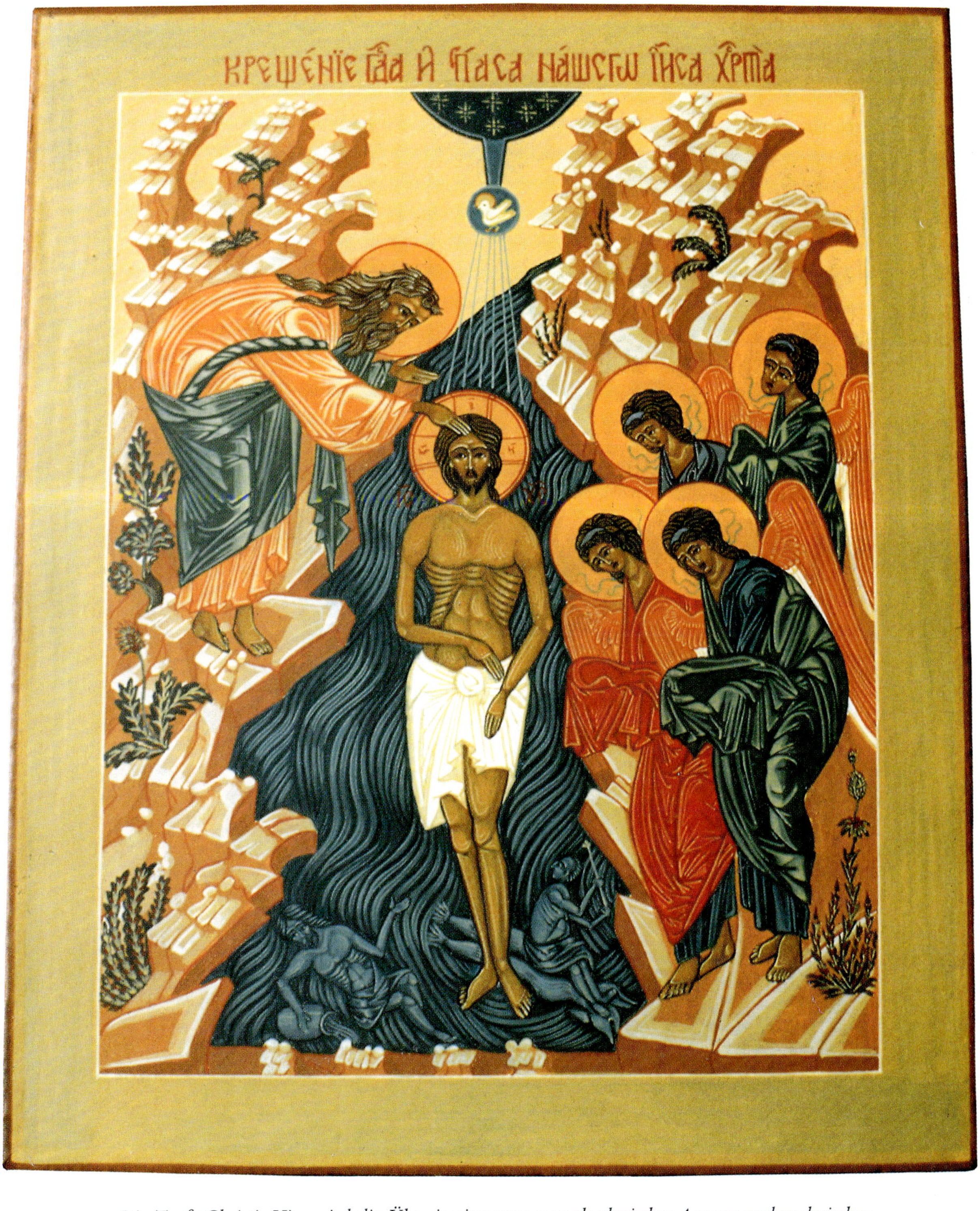

Die Taufe Christi. Hier wird die Übereinstimmung von theologischer Aussage und malerischer Komposition durch die Betonung des Vertikalen deutlich. Bemerkenswert sind die Flußgottheiten, links der personifizierte Jordan.

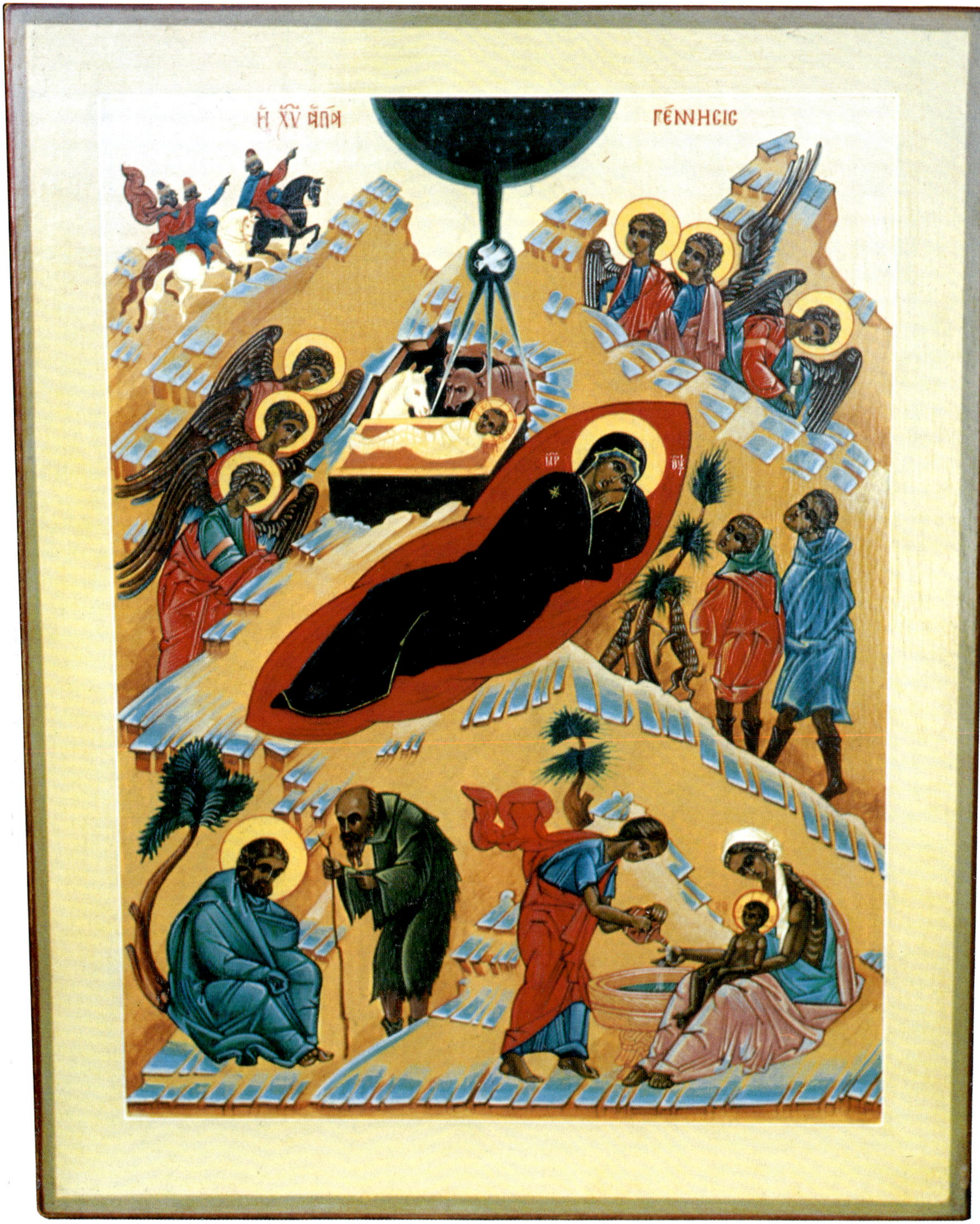

Die Heilige Geburt – Weihnachtsikone. Sieben verschiedene Einzelbilder zusammenfassend, berichtet diese »erzählende« Ikone von den Geschehnissen der Heiligen Nacht nach den Evangelien und den Apokryphen.

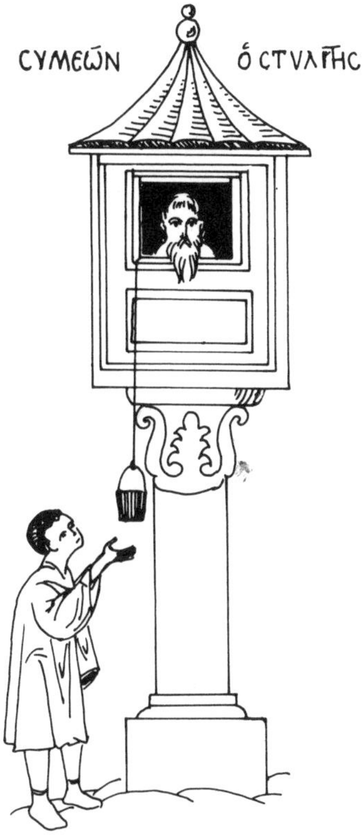

Abb. 68

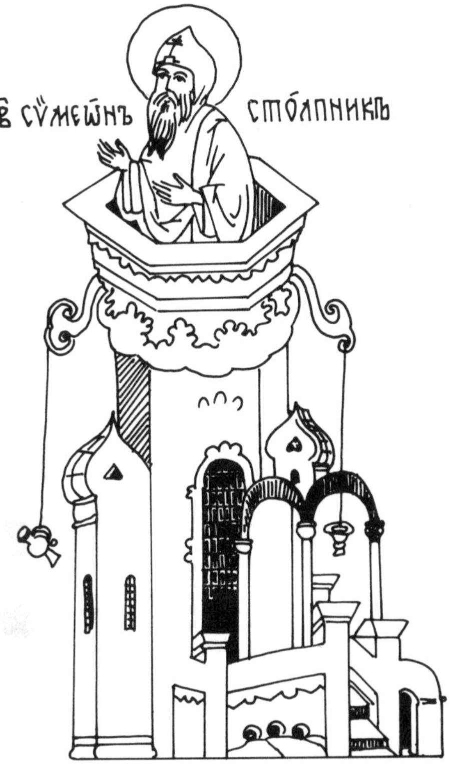

Abb. 69

Säulenheilige

Der in Moskau aufbewahrte Psalter von Chludow ist ein wichtiger Forschungsgegenstand mittelalterlicher Ikonographie. Über die Entstehungszeit des Psalters gibt es verschiedene Ansichten, aber Andrej Grabars These, daß der Psalter kurz nach dem Ende des Bilderstreites (im Jahre 843) entstanden sei, ist sehr wahrscheinlich. Die Randbilder des Textes wurden leider später zum Teil übermalt.

Abb. 68 stammt von einer Ikone, auf der der Säulenheilige Simeon dargestellt ist. Von ihm gibt es sowohl in Rußland wie in Griechenland viele Heiligenbilder (*Abb. 69–71*). *Abb. 72* zeigt den hl. Antonius, den Säulenheiligen, der im Kloster Dym bei Tichwin lebte[9]. *Abb. 73* und *Abb. 74* stellen den Säulenheiligen Daniel vor.

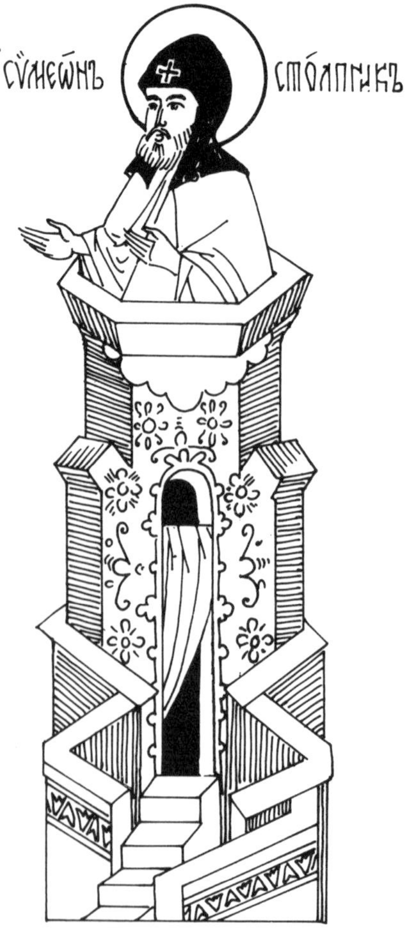

Abb. 70

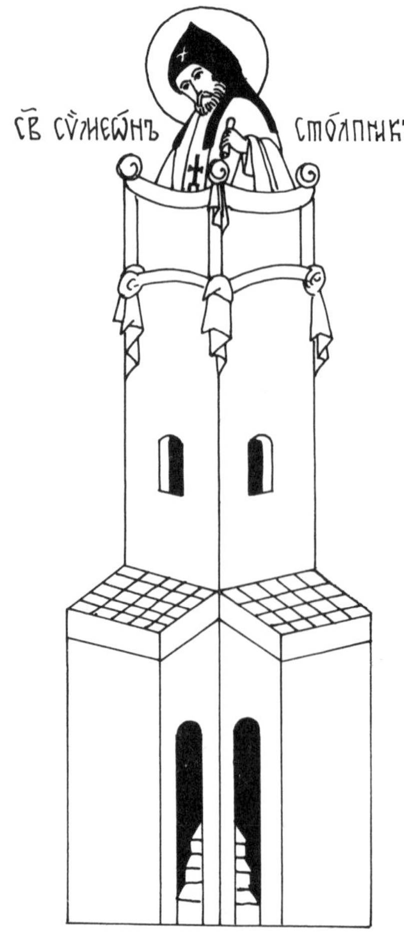

Abb. 71

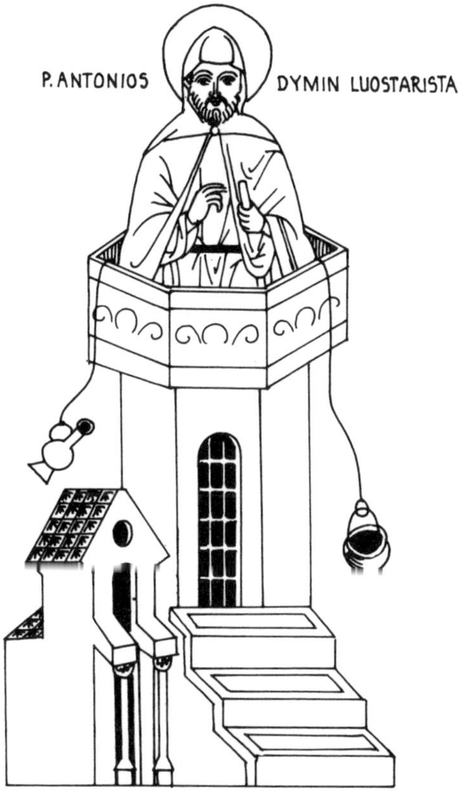

Abb. 72

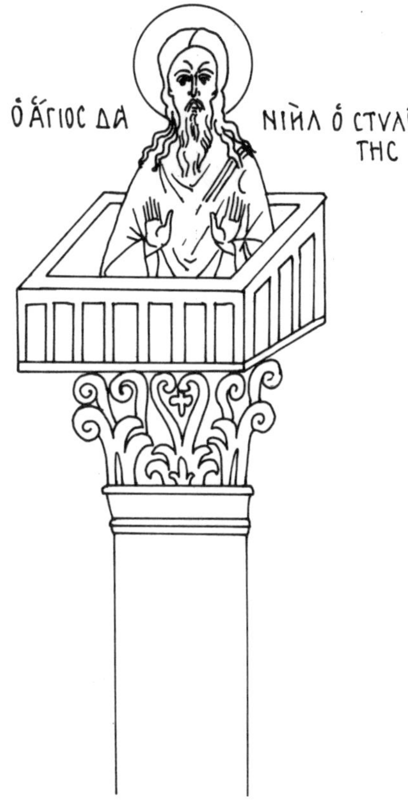

Abb. 73

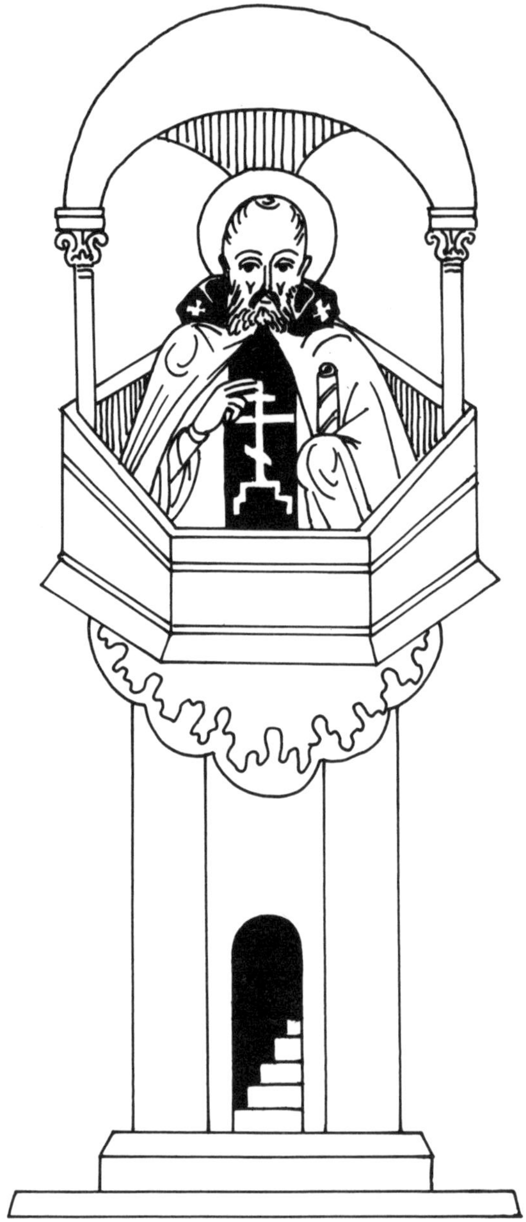

Abb. 74

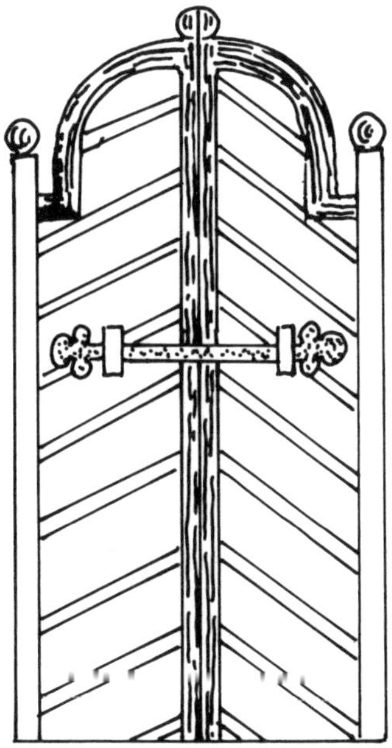

Abb. 75

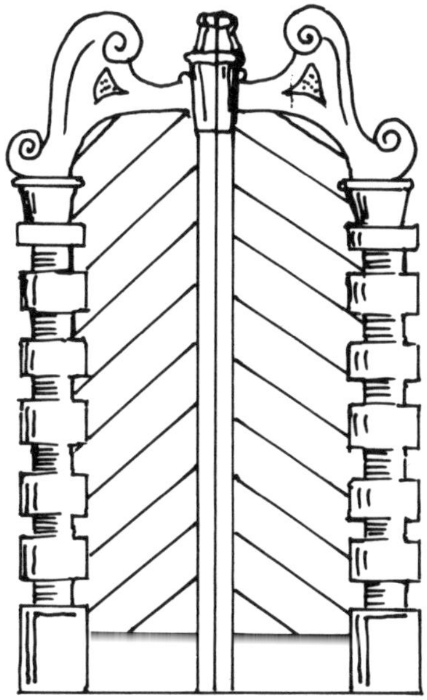

Abb. 76

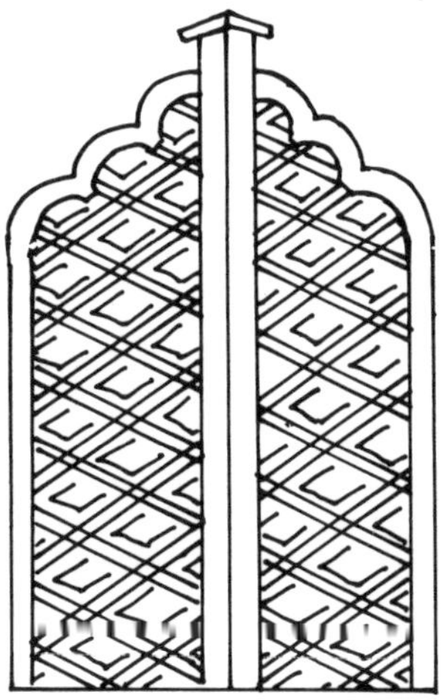

Abb. 77

Türen

Die Haupttüren der Kirchen, Klöster und Städte sind gewöhnlich geschmückt. Auf den *Abb. 75–80* sieht man verschiedene Beispiele. *Abb. 81* zeigt die sogenannte »Goldene Pforte«[10] und stammt von der Ikone »Joachim und Anna« aus dem Ende des 16. Jahrhunderts, *Abb. 82* gehört zu einer Osterikone, die oft besondere Details aufweisen. Eines davon ist hier die Tür zum Paradies, über die ein Cherub mit entblößtem Schwert wacht. Vor der Türe steht der reumütige Räuber Rakh, der dem Engel sein Kreuz zeigt[11].

Im Evangelienbuch von Spiers aus dem Jahre 1197 gibt es ein Bild zum Buch Ezechiel (44,1–2), auf dem Christus halb in einer Tür erscheint (*Abb. 83*). Auf manchen Ikonen steht Christus auch ganz vor der Türe. Auf den Osterikonen bzw. den Ikonen zum »Abstieg Jesu ins Totenreich« sehen wir Christus über den gekreuzten Türhälften, den Trümmern des Totenrei-

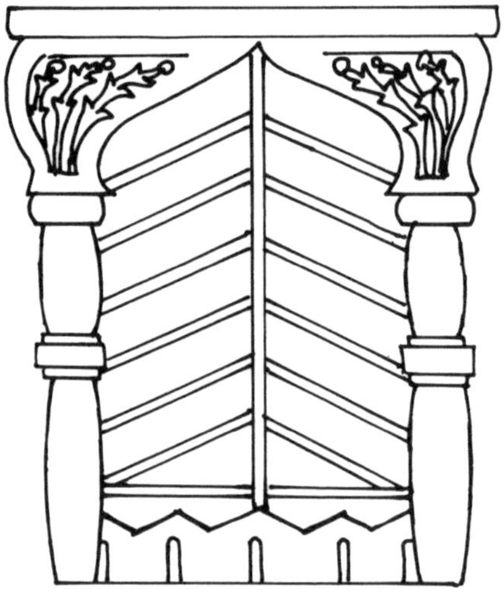

Abb. 78

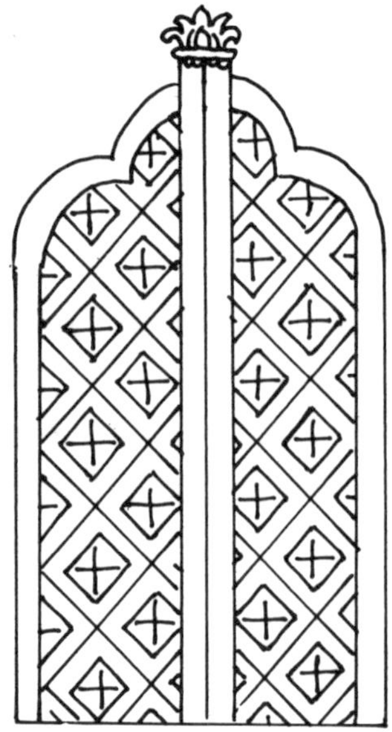

Abb. 79

Abb. 80

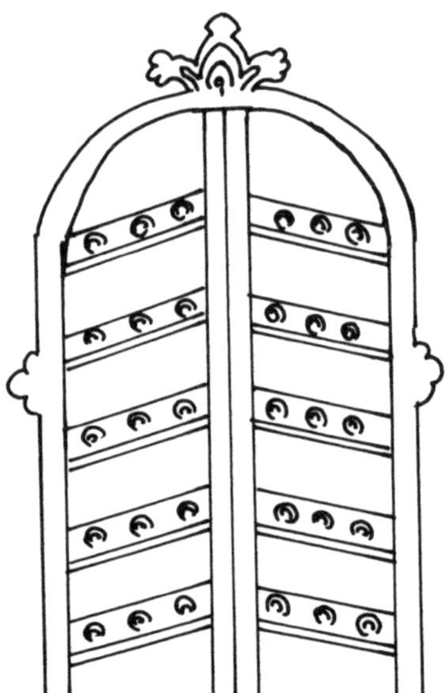

ches. *Abb. 85* zeigt das Fragment einer Ikone, das sich im Stockholmer Nationalmuseum befindet. Nach dem Evangelium erscheint Christus nach seiner Auferstehung seinen Jüngern durch die geschlossene Türe hindurch (Johannes 20,19–31), dem zweifelnden Thomas zum Beweis. Daher sollte auf der Ikone »Thomas, der Zweifler« im Hintergrund immer eine geschlossene Türe zu sehen sein (*Abb. 84*).

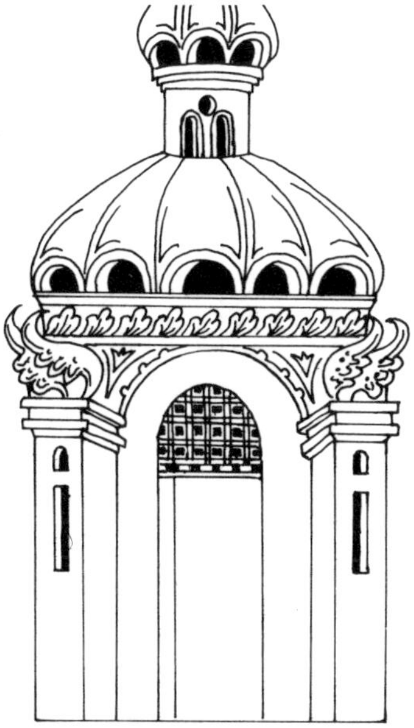

Abb. 81

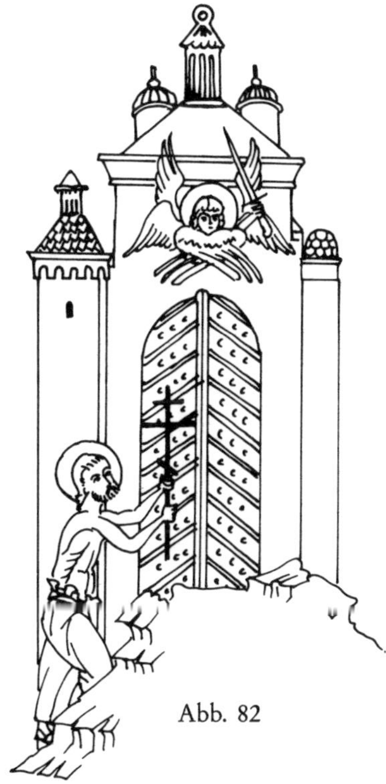

Abb. 82

Abb. 83

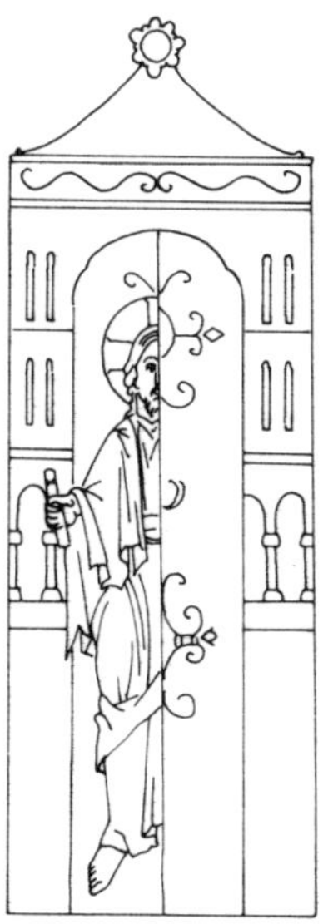

Abb. 84

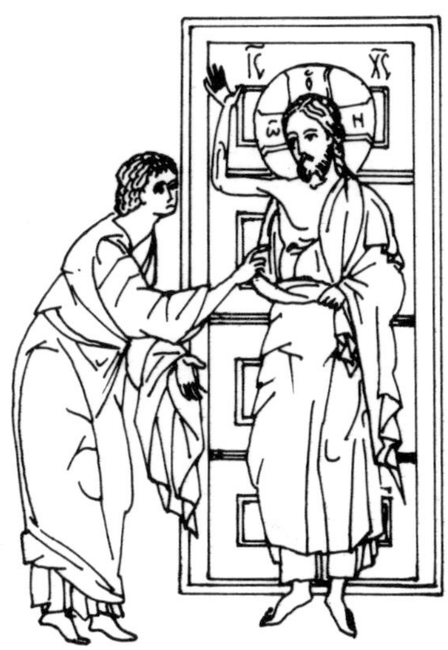

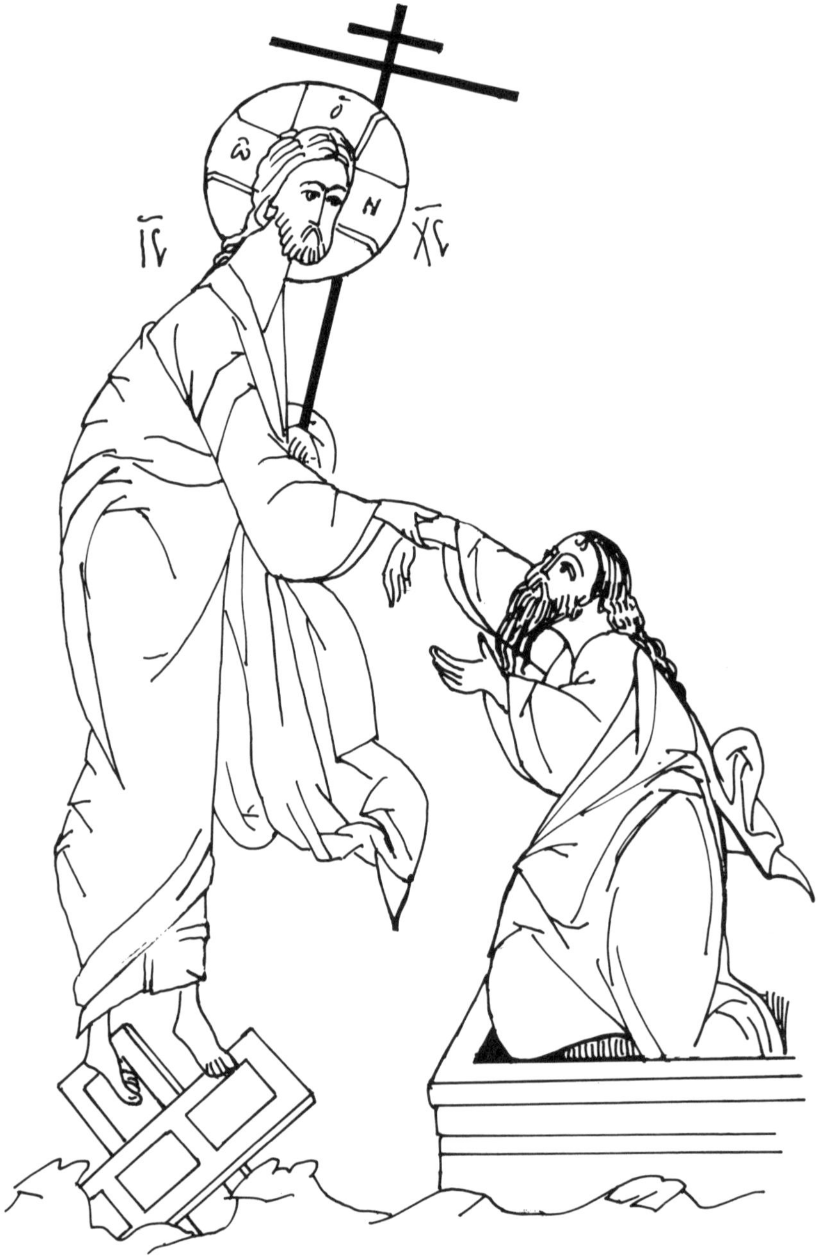

Abb. 85

Throne

Auf vielen Ikonen werden Christus, die Mutter Gottes oder ein Heiliger auf einem Stuhl sitzend abgebildet, der einen Thron symbolisiert. Die Throne der alten Handschriften sind oft sehr einfach (*Abb. 86* und *87*, beide aus dem Oktateuch von Vatoped – Oktateuch = die ersten 8 Bücher des Alten Testamentes in einem Band zusammengebunden).
Die Throne wurden andererseits aber häufig auch reichhaltig mit Ornamenten geschmückt (*Abb. 88–92*). Einen Thron besonderer Form, dessen eine Hälfte doppelt

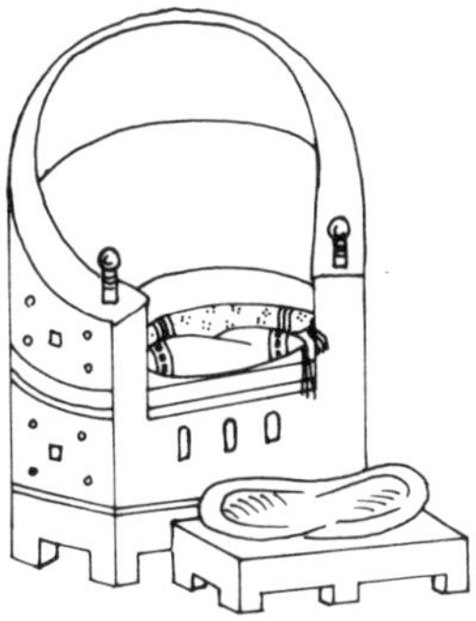
Abb. 86

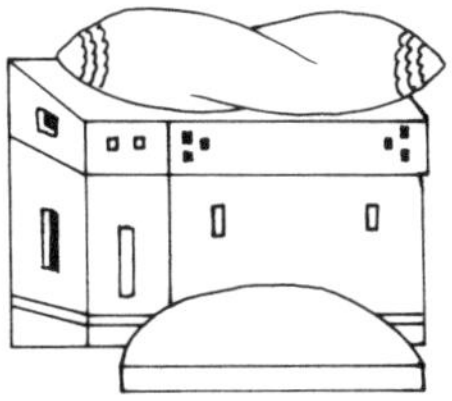
Abb. 87

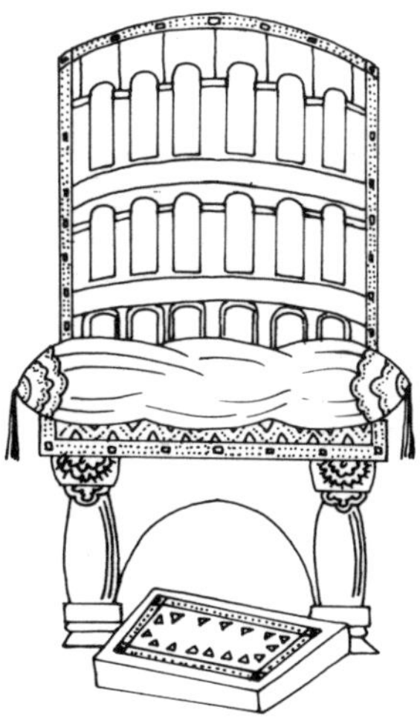
Abb. 88

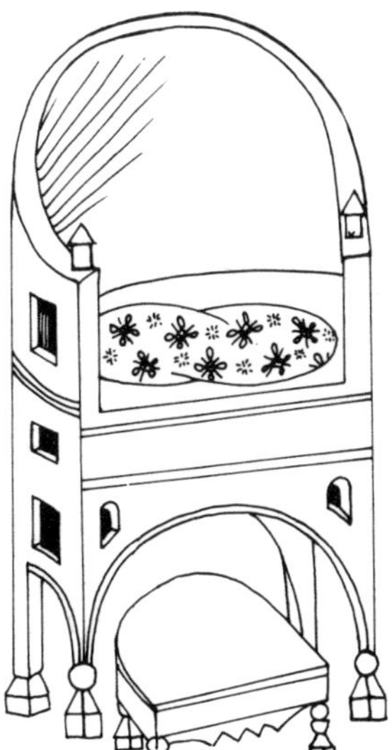
Abb. 89

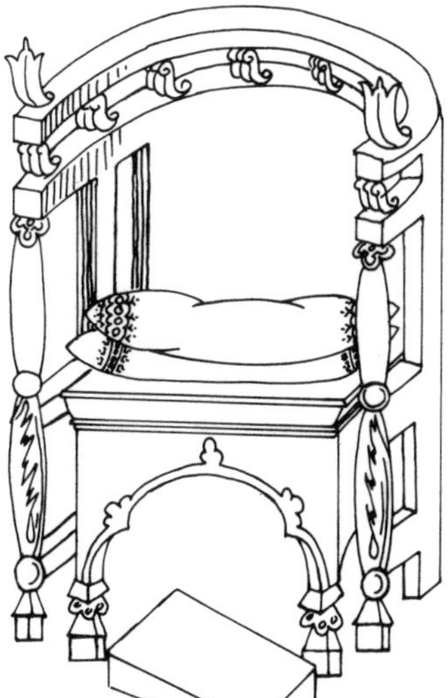
Abb. 90

so hoch ist wie die andere, stellen die *Abb. 93* und *94* dar. Der erste stammt von einer Mutter-Gottes-Ikone aus der Schule von Pskow, der andere wurde von dem Fresko »An dir freut sich« der Mariae-Geburtskirche des Ferapont-Klosters kopiert und stammt aus den Jahren 1500/02.

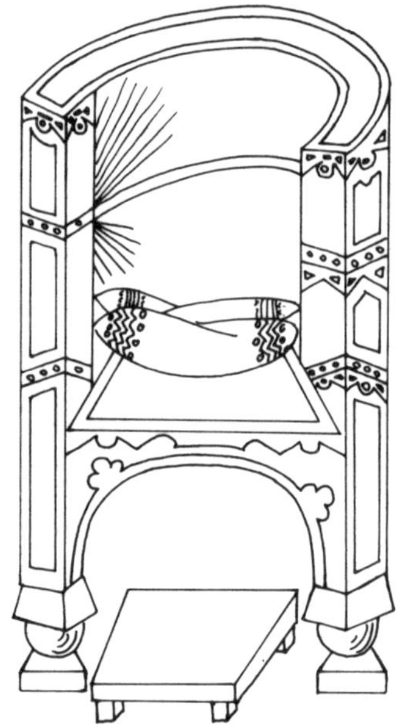

Abb. 91

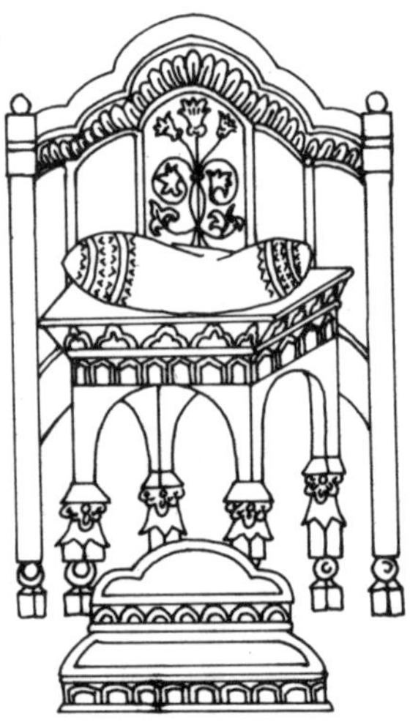

Abb. 92

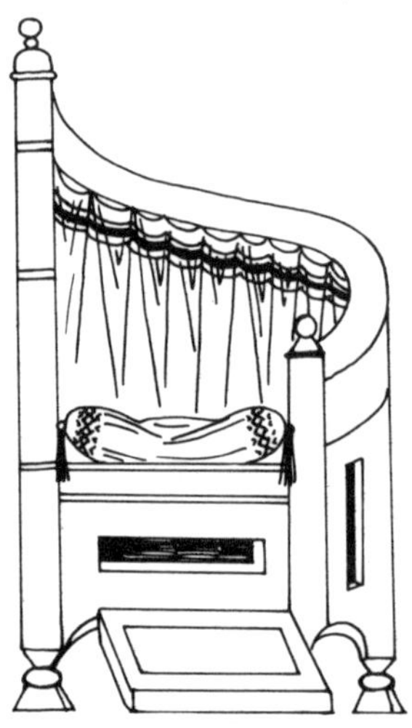

Abb. 93

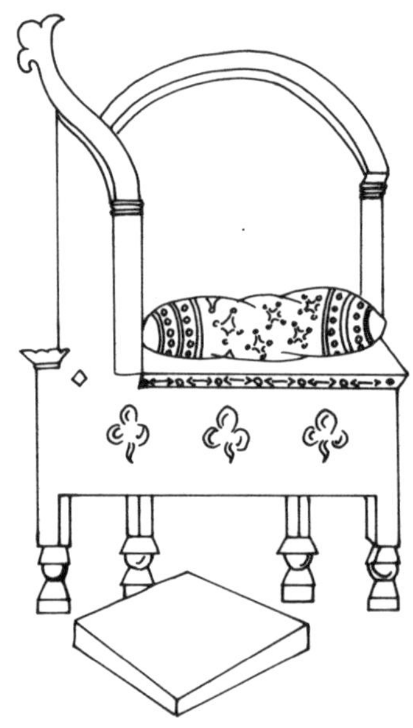

Abb. 94

Schreibpulte

Schreibpulte kommen vor allem auf den Ikonen der Evangelisten vor, wo diese beim Verfassen ihrer Texte dargestellt sind. Das Unterteil des Pultes sieht oft schrankartig aus, und auf der schrägen Schreibunterlage findet man allerlei Schreibmaterial (*Abb. 95–102*).

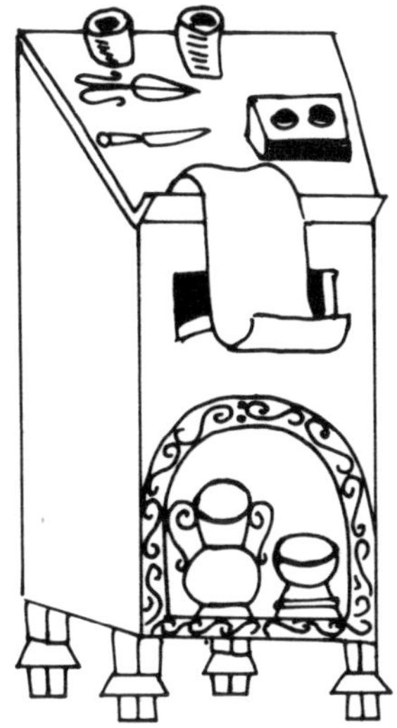

Abb. 95

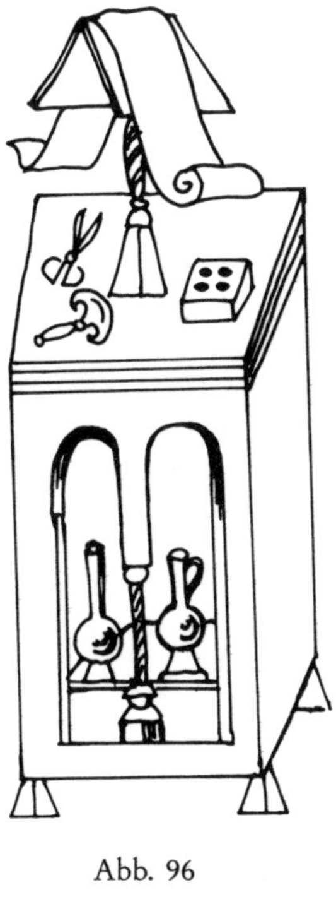

Abb. 96

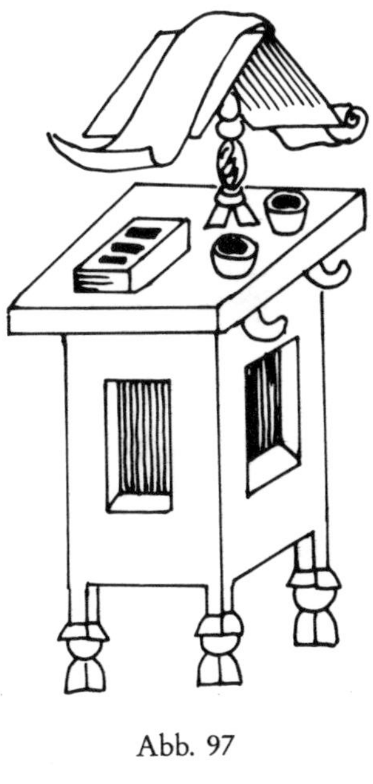

Abb. 97

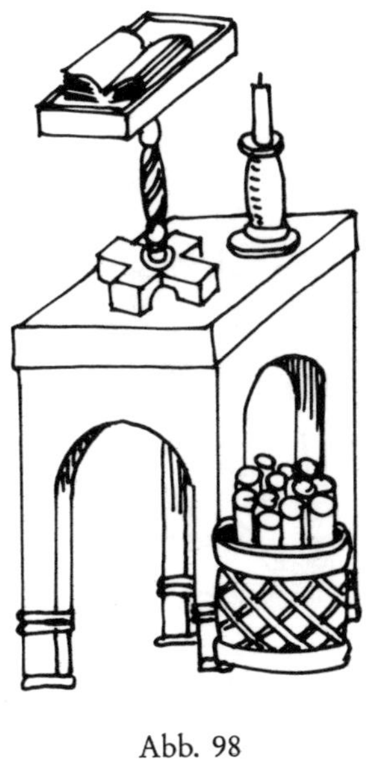

Abb. 98

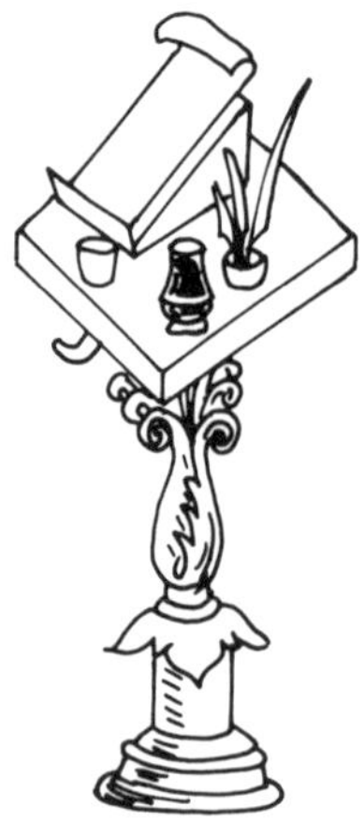

Abb. 99

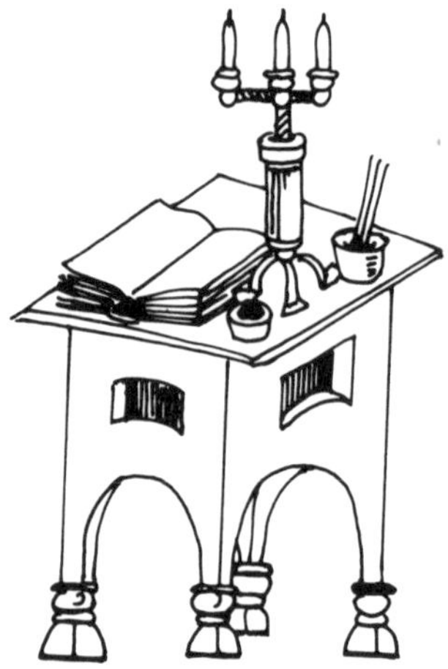

Abb. 100

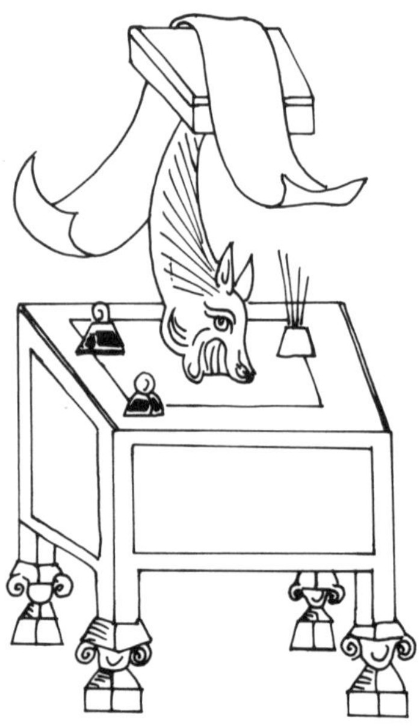

Abb. 101

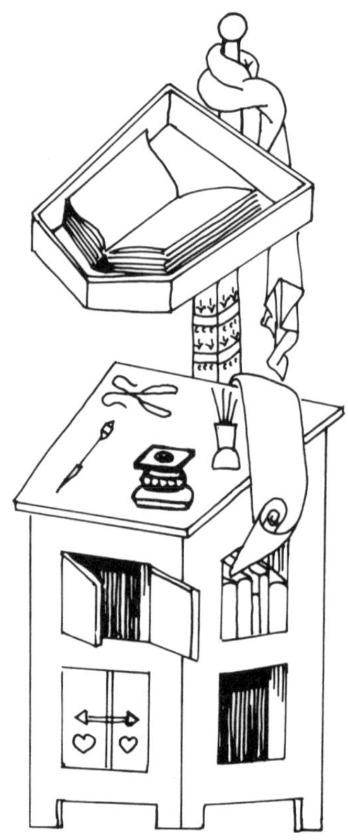

Abb. 102

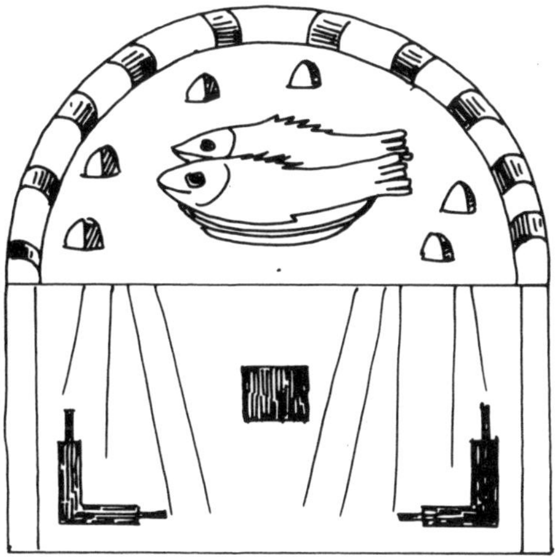

Abb. 103

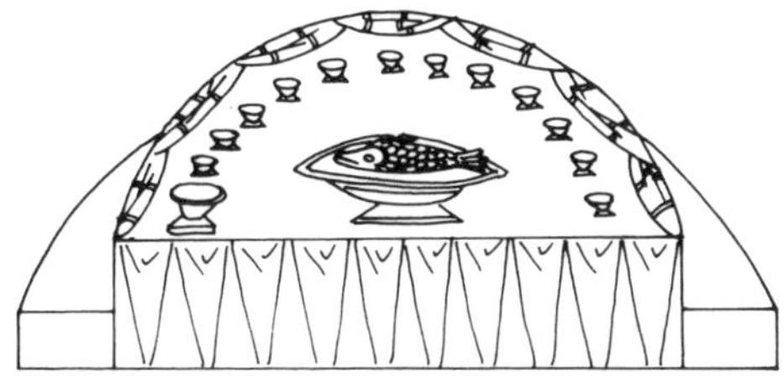

Abb. 104

Abendmahlstische und -schreine

Anstelle des sog. »Mystischen Mahls« (*Abb. 122,* Kapitel »Altäre«) findet man oft das Abendmahl als historisches Ereignis dargestellt, gewöhnlich als »Letztes Abendmahl Jesu mit seinen Jüngern«, wie es aus den Erzählungen der Evangelisten bekannt ist. Auf diesen Bildern taucht demnach Judas Ischariot seine Hand in die Schale (Matthäus 26,23; Markus 14,20), und Johannes lehnt sich an die Brust Jesu (Johannes 13,25). Eine solche auf den Evangelien basierende Darstellung des Letzten Abendmahles findet man sowohl in der Wandmalerei wie auf selbständigen Ikonen. Ihren Platz in der Ikonostase hat sie allerdings keinesfalls oberhalb der Königstüre, denn dorthin gehört grundsätzlich eine Ikone des »Mystischen Mahls«.

Schon in den Katakomben gibt es Bilder, auf denen Christus im Kreise seiner Apostel um den sogenannten »Sigma-Tisch« abgebildet wird. Dieser Tisch ist halbkreisförmig, die offene Seite dem Betrachter zugewandt. Der geschmückte Rand des Tisches besteht aus einem langen Leinentuch, das während des Mahles auch als Tischtuch verwendet wurde. Auf vielen anderen dieses Abendmahl darstellenden Malereien ist ebenfalls solches Linnen zu sehen. *Abb. 105* ist ein Ausschnitt der »Hochzeit zu Kana«, *Abb. 103* wurde von einem aus dem 6. Jahrhundert stammenden Mosaik der Kirche S. Apollinare Nuovo in Ravenna kopiert. Auf alten Bildern findet man in der Schale

Ὁ ἘΝΓΚΑΝΑΓΆΜΟϹ

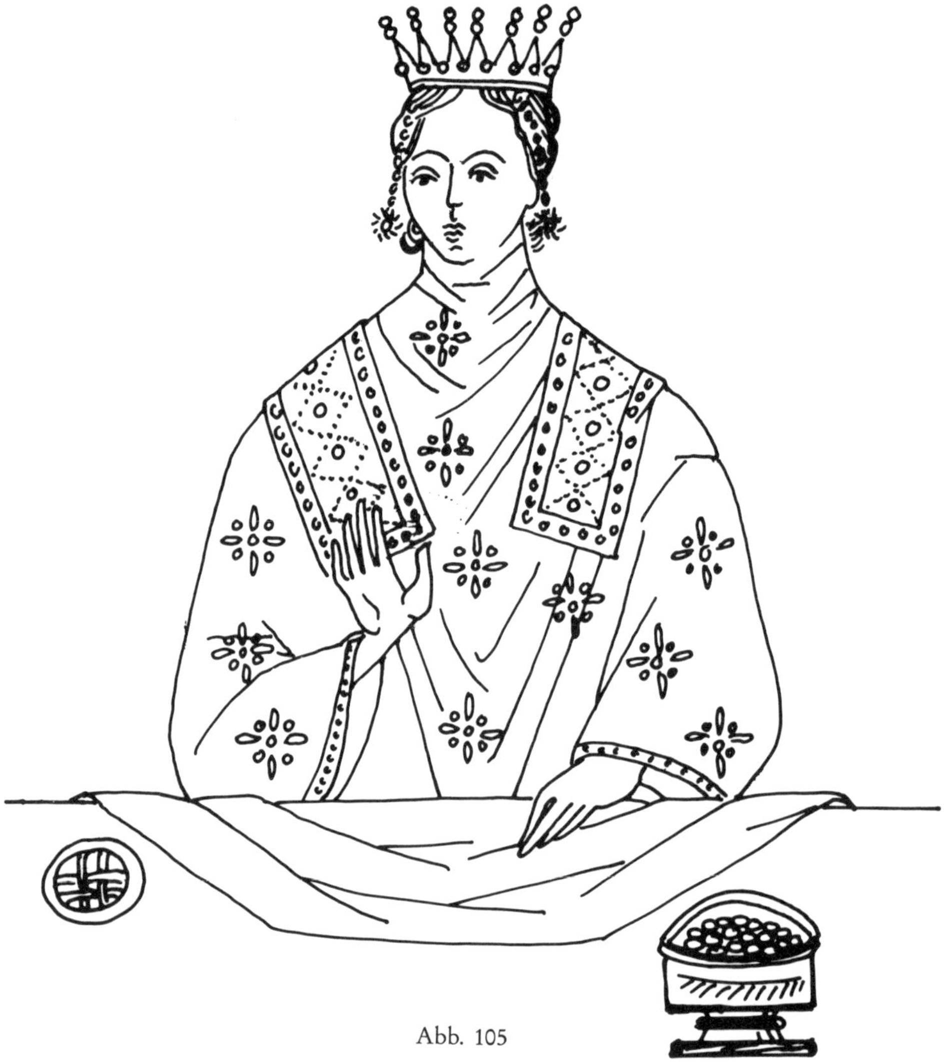

Abb. 105

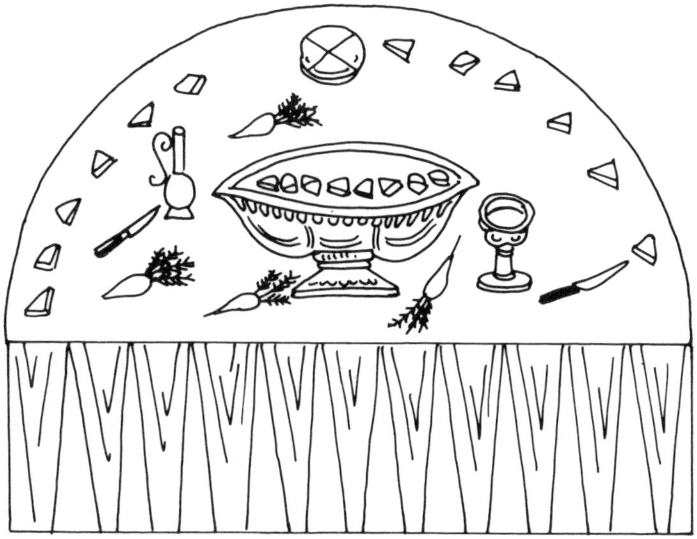

Abb. 106

auf dem Tisch oft ein oder zwei Fische (*Abb. 103, 104* und *108*)[12].
Der Fisch ist auch ein Christus-Symbol. Auf *Abb. 106* findet man in der Schale auf dem Sigma-Tisch ebenso Brotscheiben wie am Rande des Tisches. Die 12 Stücke deuten die 12 Apostel an, und das eine große, mit einem Kreuz versehene, Christus. Die

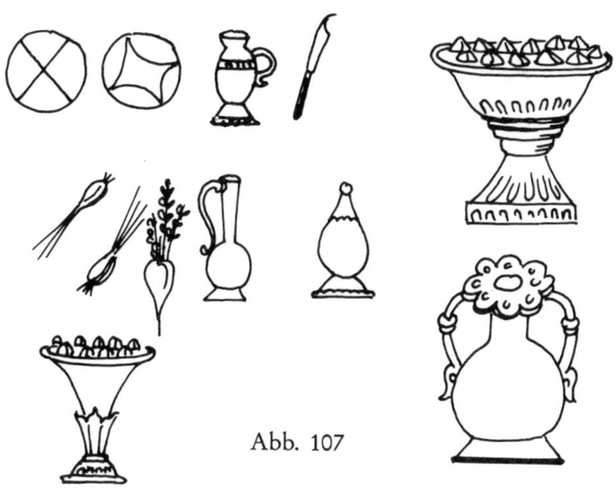

Abb. 107

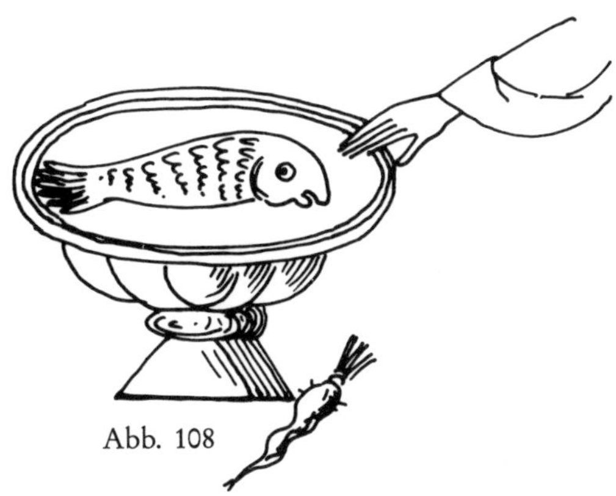

Abb. 108

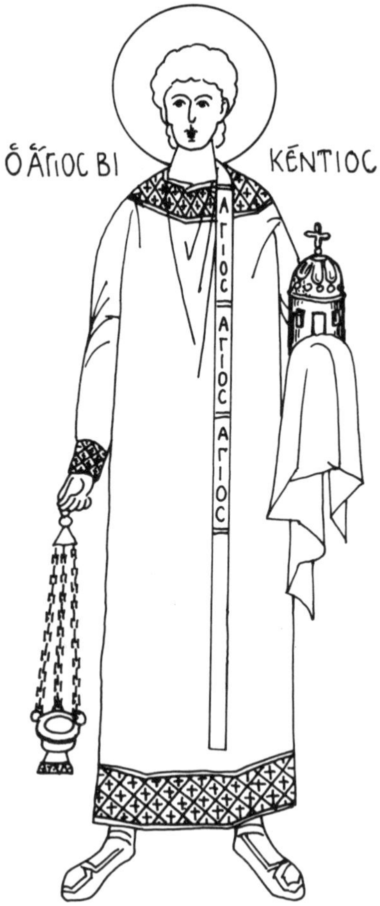

Abb. 109

Gemüse- oder Kräuterpflanzen zwischen den Messern und den kleinen Schälchen erinnern an die zum Passahmahl der Juden gehörenden bitteren Kräuter. Eine solche Tischordnung ist sowohl auf russischen wie auf griechischen Ikonen anzutreffen.

Abb. 107 zeigt einige Gegenstände um und in der Schale. 1937 fertigte der berühmte griechische Ikonenmaler Photios Kontoglou eine Ikonostase des »Mystischen Mahls« für die Athener Kirche »Erhöhung des Heiligen Kreuzes« an. Dort sieht man mitten auf dem Tisch eine große Schale, in der ein Fisch liegt (*Abb. 108*).

Malereien, die einen Diakon darstellen, zeigen ihn im allgemeinen mit einem Weihrauchgefäß in der rechten und einem Abendmahls*schrein* in der linken Hand. Zu den Aufgaben des Diakons gehörte in der Urkirche nämlich die Spendung der Kommunion an alle diejenigen, die an der Liturgiefeier selbst nicht teilnehmen konnten, wie die Kranken, Alten, Gefangenen usw. Gewöhnlich ist die Hand des Diakons als Zeichen für die Heiligkeit des Schreininhaltes mit einem Tuch bedeckt, aber es gibt auch Abbildungen, auf denen das Tuch fehlt.
Abb. 109 zeigt den heiligen Diakon Vincentius. Auf seinem Orarion (ein über die linke Schulter gelegtes Gebetsband) lesen wir in griechischer Sprache dreimal das Wort »heilig«. Manchmal ist ein solches Orarion mit kleinen Kreuzen geschmückt.
Die Abb. 110–114 zeigen verschiedene Modelle eines solchen Abendmahlsschreins. *Abb. 110* stammt von einem Fresko des Diakons Isaur aus dem Wodoca-Kloster (etwa 1000), *Abb. 111* von einer russischen Ikone des hl. Laurentius, *Abb. 112* von einem Mosaik des Rufinos, das sich in Daphni befindet. *Abb. 113* hat ihren Ur-

sprung um das Jahr 1200 und stammt aus der Erlöserkirche von Neredits in der Nähe von Nowgorod, und *Abb. 114* ist eine Kopie des Abendmahlsschreins des hl. Stephanus aus der Klosterkirche von Daphni.

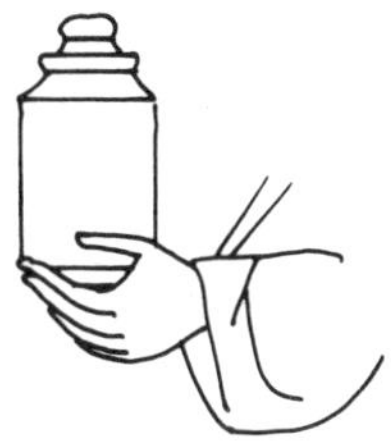

Abb. 111

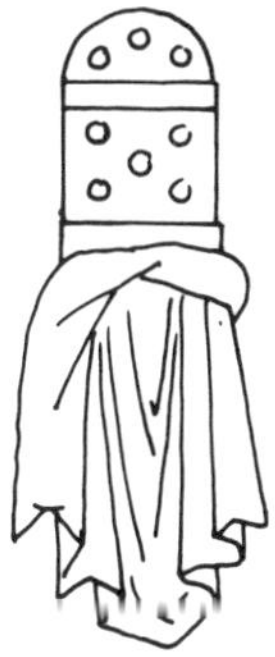

Abb. 110

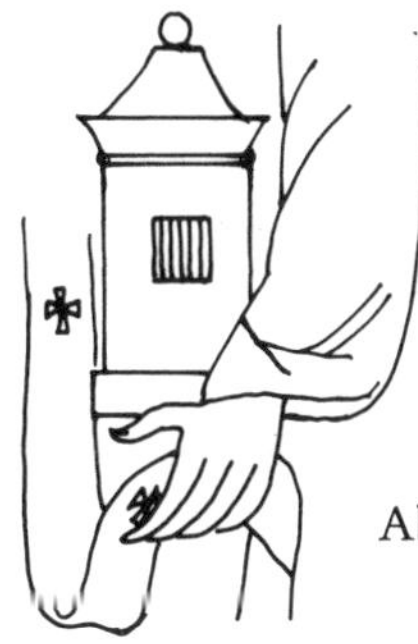

Abb. 112

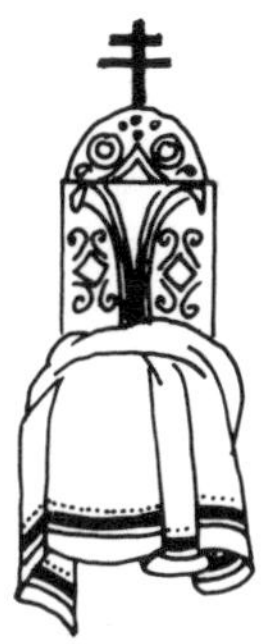

Abb. 113

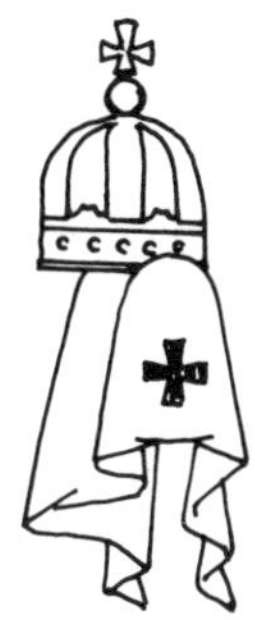

Abb. 114

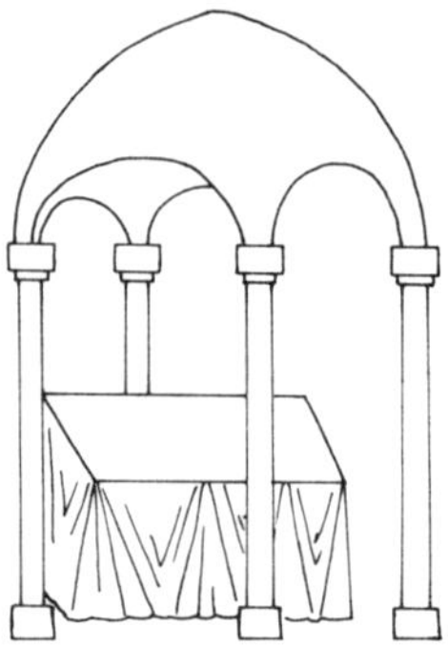

Abb. 115

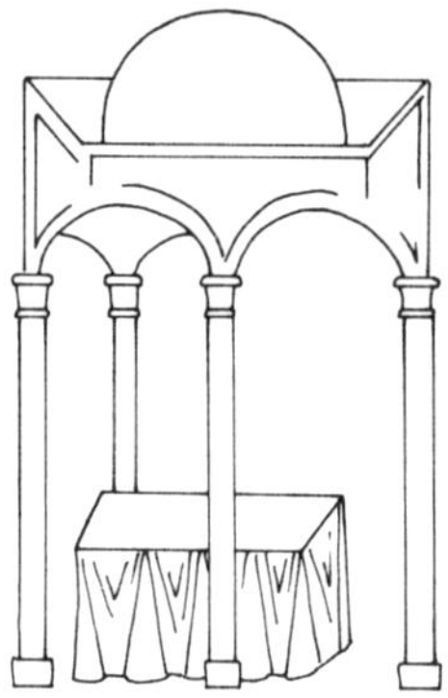

Abb. 116

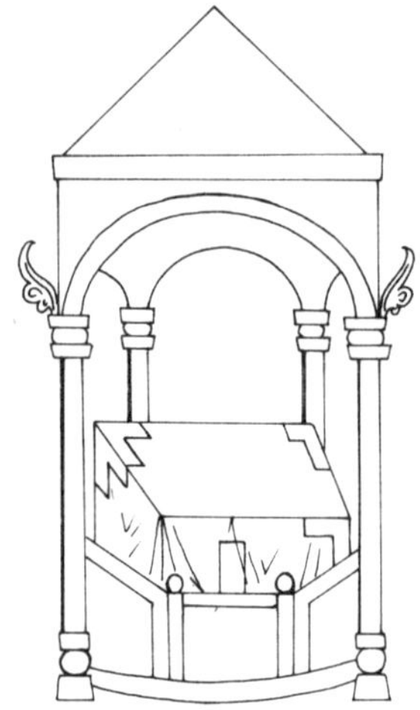

Abb. 117

Altäre

Ikonen, auf denen Altäre dargestellt sind, weisen recht häufig über dem Altar eine von vier Säulen gestützte Decke, den Baldachin, auf. Sowohl bei der Darstellung des Altars wie auch des Baldachins wird die sogenannte »umgekehrte Perspektive« angewendet.

Die *Abb. 115–117* entsprechen denen im Oktateuch von Vatoped. Ihnen kann man entnehmen, wie sich der Baldachin über dem Altar wölbt. *Abb. 117* zeigt zusätzlich noch eine niedrige Schranke rund um den Altar, die als erstes Anzeichen für das Entstehen der Ikonostase gilt. In Ohrid in Jugoslawien gibt es eine Wandmalerei aus dem 12. Jahrhundert, die den hl. Basilius bei der Zelebration zeigt. Auf dem Altar sind hier ein Kelch, das eucharistische Brot und ein Evangelienbuch (*Abb. 118*)[13] zu sehen.

Aus *Abb. 119* wird deutlich, daß der Baldachin sich später zu einem überaus reich verzierten Schmuckdach entwickelte. Die *Abb. 120* und *121* stammen beide von Ikonen der Nowgoroder Schule und zeigen einen Altar, auf dem das Maphorion der

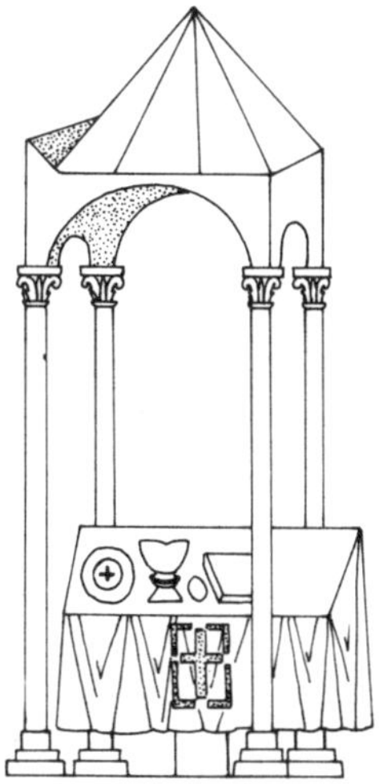

Abb. 118

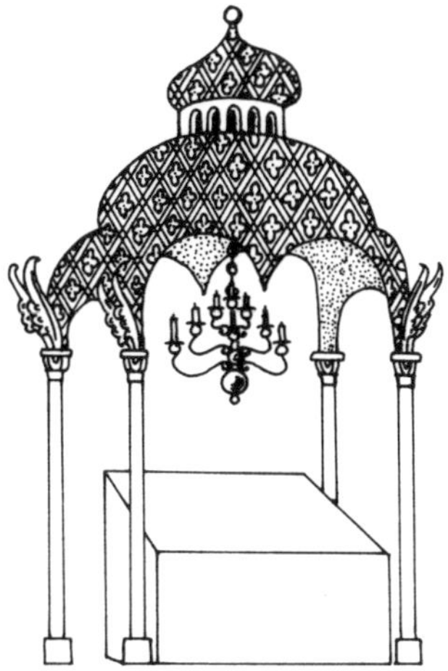

Abb. 119

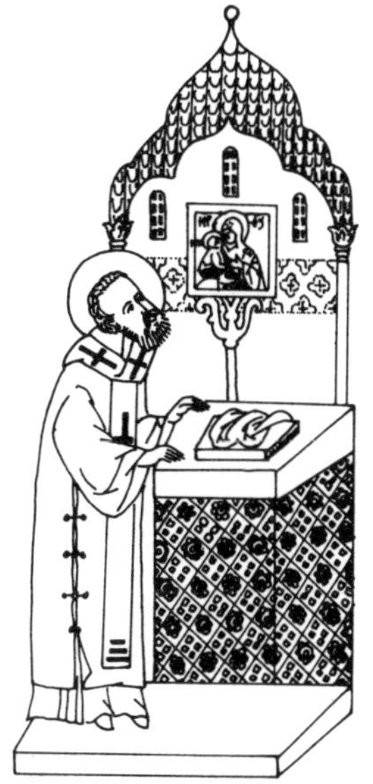

Abb. 120

Abb. 121

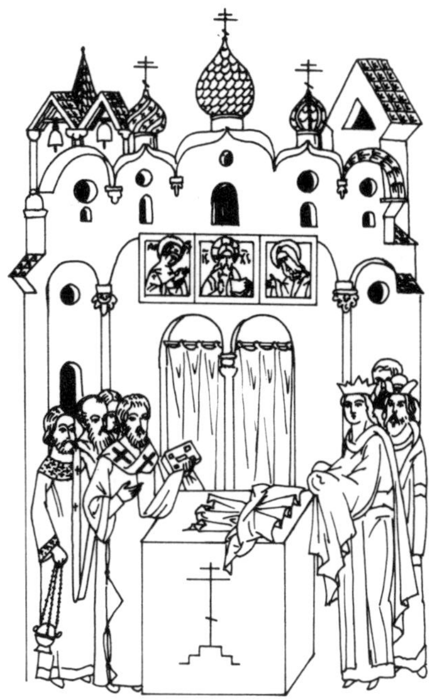

Gottesmutter liegt. Der gekrönte Kaiser Leo I. (er starb 474 n. Chr.) ist zugegen, als der Patriarch von Konstantinopel das Maphorion auf den Altar der Blacherna-Kirche legt.

Auf *Abb. 120* befindet sich hinter dem Altar ein mit einer Ikone geschmückter Gebetsstock. Solche gewöhnlich beidseitig bemalten Ikonen standen hinter dem Altar und wurden an großen Festen in einer Prozession umhergetragen.

Einen Altar mit Baldachin findet man auch immer auf den Ikonen des sog. »Abend-

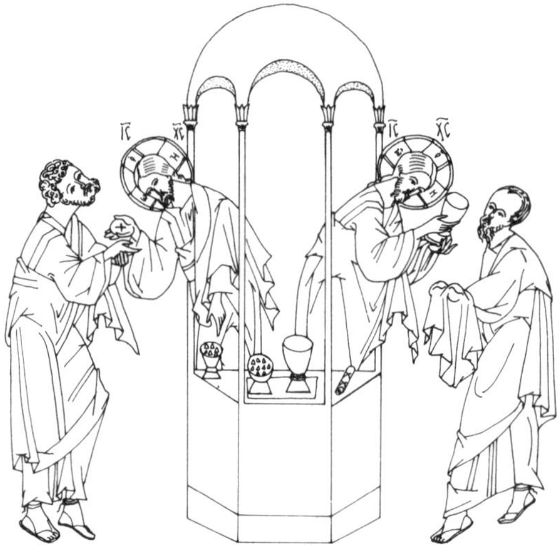

Abb. 122

mahls der Apostel« (»Mystisches Mahl« oder »Das himmlische Jerusalem«). Dort teilt Christus auf der linken Seite sich selbst in der Gestalt des Brotes an Petrus und fünf weitere Apostel aus, und auf der rechten Seite bietet Er sich selbst als Wein Paulus und den restlichen Aposteln an (*Abb. 122*). Entsprechende Kompositionen findet man sowohl auf russischen wie auf griechischen Ikonen. In der Kirche hat diese Ikone ihren Platz über der Königstüre und auf der Hinterwand des Altarraumes.

Vorhänge

Vorhänge findet man, in einer speziellen Faltung, vor den Türen (*Abb. 126* und *127*), aber auch von den Dächern der Gebäude herabhängend (*Abb. 123*).

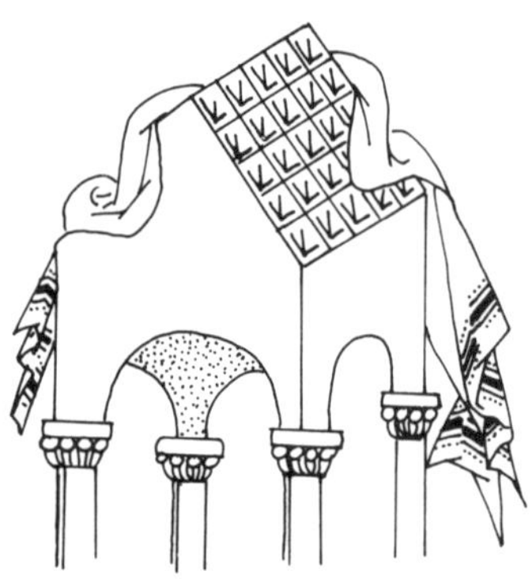

Abb. 123

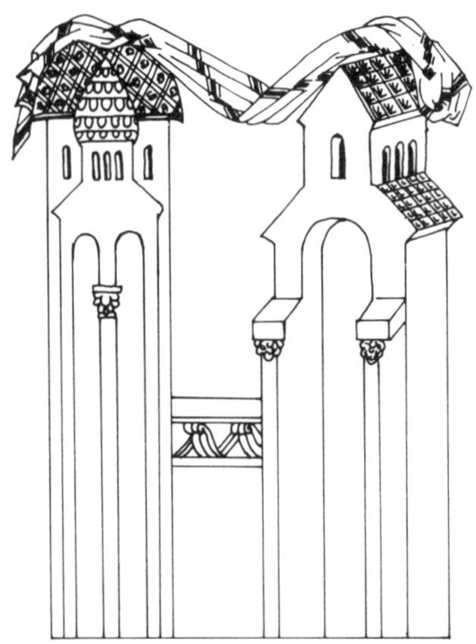

Abb. 124

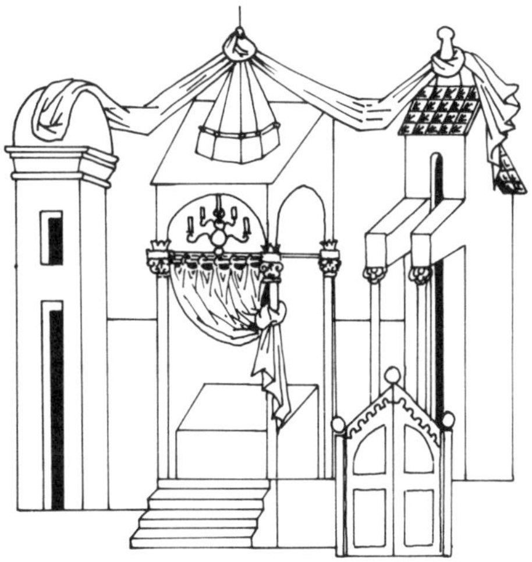

Abb. 125

Wenn ein Vorhang zwei Gebäude miteinander verbindet, ist das ein Anzeichen dafür, daß das auf der Ikone dargestellte Geschehen sich in einem Innenraum abspielt (*Abb. 124* und *125*). Sehr selten findet man Ikonen, die Vorhänge vor den Fenstern zeigen, wie auf *Abb. 129*, die auf einer aus dem Nowgorod des 17. Jahrhunderts stammenden Ikone der »Niederlegung des Maphorions der Gottesmutter« basiert.

Abb. 126

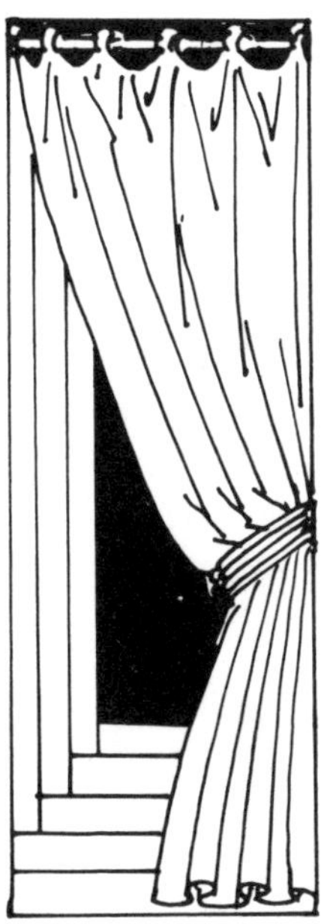

Abb. 127

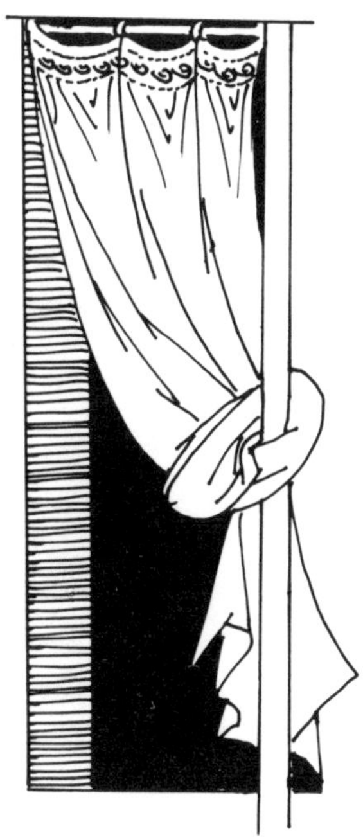

Abb. 128

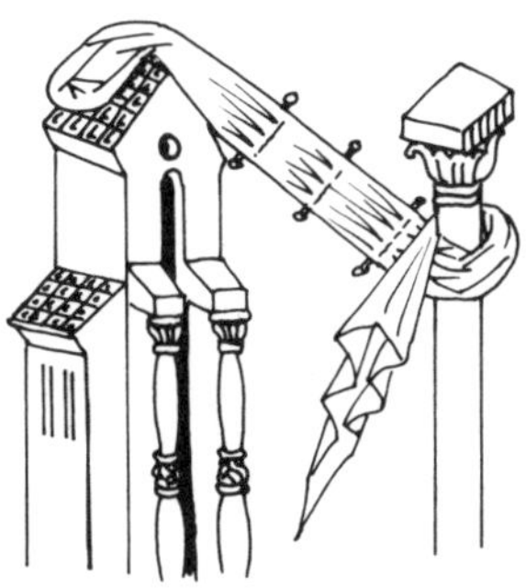

Abb. 129

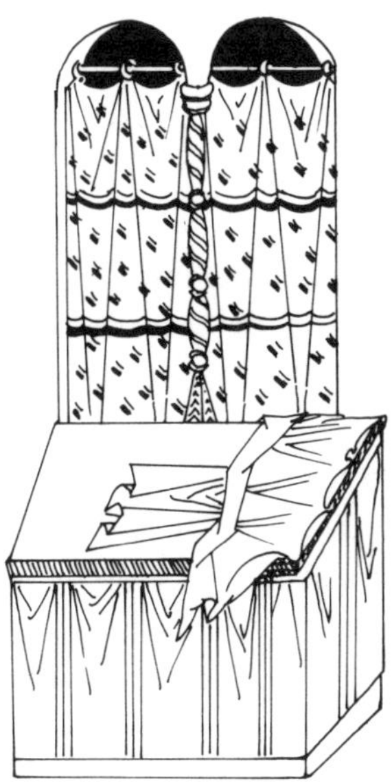

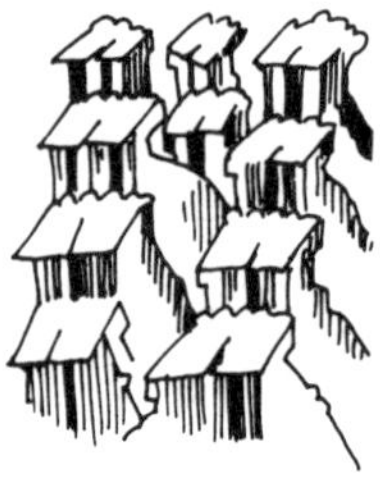

Abb. 130

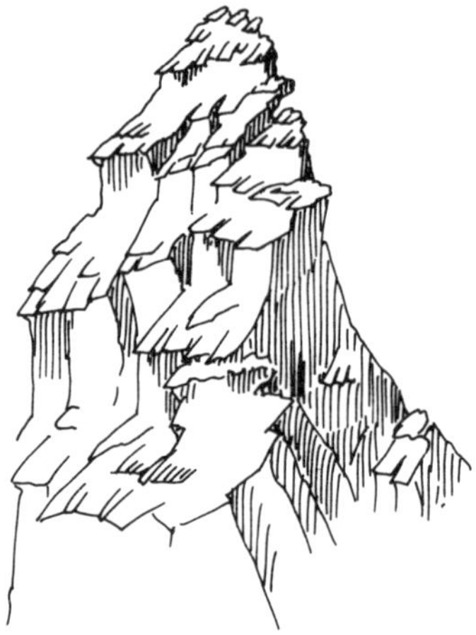

Abb. 131

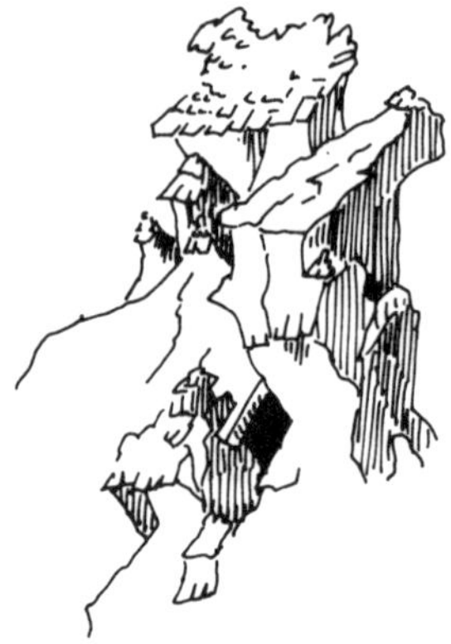

Abb. 132

Felsen und Höhlen

Für die farbliche Auslegung der Felsen verwendet man Erdfarben (Ocker, Siena, böhmische Erde usw.). Die Farben der Höhlen sind besonders dunkel, sehr oft schwarz. Ein Ikonenmaler muß die Komposition und Malarbeit an Bergen und Felsen auf alten Ikonen besonders genau studieren, denn die Malerei der Berge hat einen enorm großen Einfluß auf die Wirkung der Ikone als Ganzes. Eine gelungene Komposition verleiht der Ikone Rhythmus und Dynamik.

Abb. 130 ist ein Detail der berühmten »Grablegung Christi«-Ikone (Tretjakow-Galerie, 15. Jahrhundert). Der schwarze Mittelteil der Felsen bringt die in der Umgebung von Jerusalem häufigen Höhlengräber in Erinnerung.

Das Malen der Felsen auf Ikonen entwickelte sich im Laufe des 16. und 17. Jahrhunderts zu immer schmuckvolleren und kunstfertigeren Darstellungen, wie die *Abb. 131* (»Einzug in Jerusalem«, Athos), *132* (»Die Verklärung Christi«, Jaroslawl), *133* (»Die heiligen Frauen am Grabe«, Stockholmer Nationalmusuem) und *134* (»Hl. Elias«, Sammlung Korin, Moskau) beweisen.

Ungefähr 1550 begann die sog. Stroganow-Schule sich auch nach Moskau auszubreiten. Der Hintergrund ist, kurz erklärt, folgender: Das in Nowgorod ansässige Kaufmannsgeschlecht Stroganow gründete große Handelsplätze besonders in Nordrußland. Einer davon war Solwitschegotsk. Auf die Rückseite der Ikonen, die die Stroganows für die von ihnen erbauten Kirchen malen ließen, schrieb man oft den Namen des Auftraggebers (z.B. »Diese Ikone wurde im Auftrag von Maxim Jakowowitsch Stroganow gemalt«).

Der »Stroganow-Stil« zeigt eine miniatur-

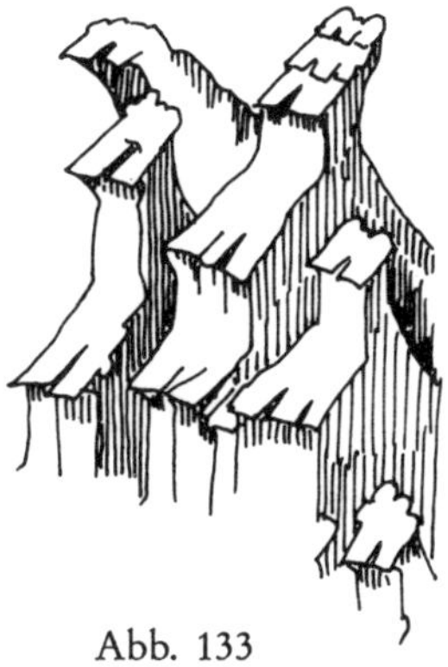

Abb. 133

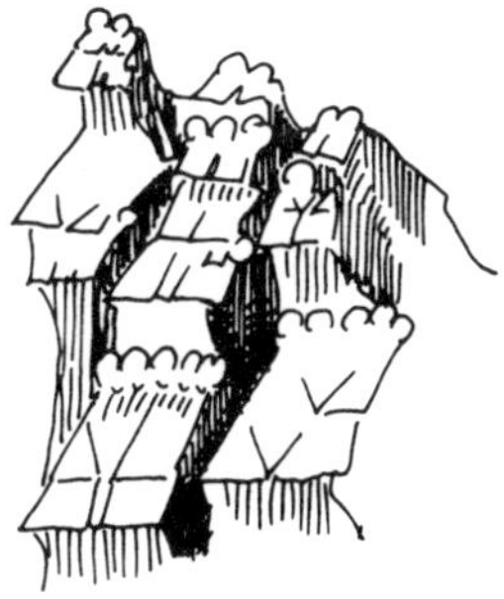

Abb. 134

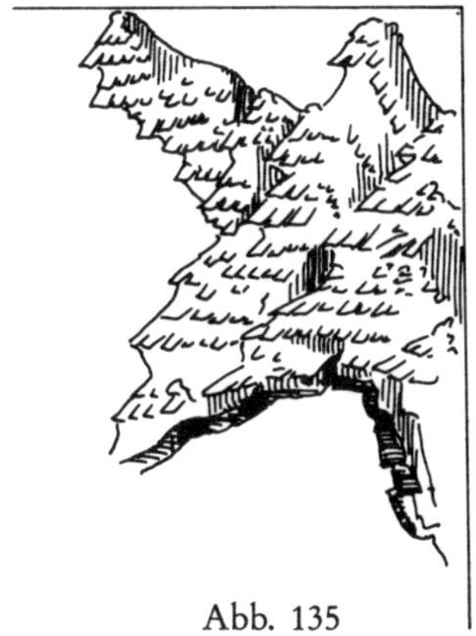

Abb. 135

artige Genauigkeit im Malen der Kleider, der Gebäude und der Gebirge etc. Man holte die besten Meister an den Hof des Zaren, und so breitete sich dieser Stil auch bis in die entferntesten Provinzen aus: u.a. nach Palech, Mstjora und Choluj. Schnell erfreute sich diese Malerei großer Beliebtheit. Beispiele dafür sind *Abb. 135* (»Johannes der Evangelist und Prochor«, Sammlung Sara Hilden, Helsinki) und *Abb. 136* (»Die heiligen Frauen am Grabe«, wird der Schule von Jaroslawl zugerechnet, 16. Jahrhundert).

Die für den Stroganow-Stil typischen Felsengruppen findet man auf einer Ikone des sel. Alexej von Moskau aus dem 18. Jahrhundert (*Abb. 137*). *Abb. 138* wurde von einer Verklärungsikone aus dem Jahre 1670 kopiert (eine Arbeit des Malers Viktor), und *Abb. 140* zeigt eine italo-byzantinische Ikone aus dem Jahre 1606 (Ikonenmuseum Recklinghausen).

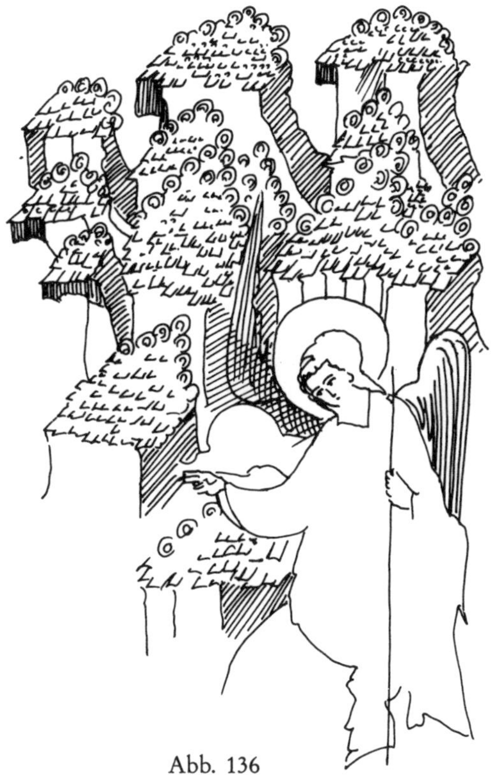

Abb. 136

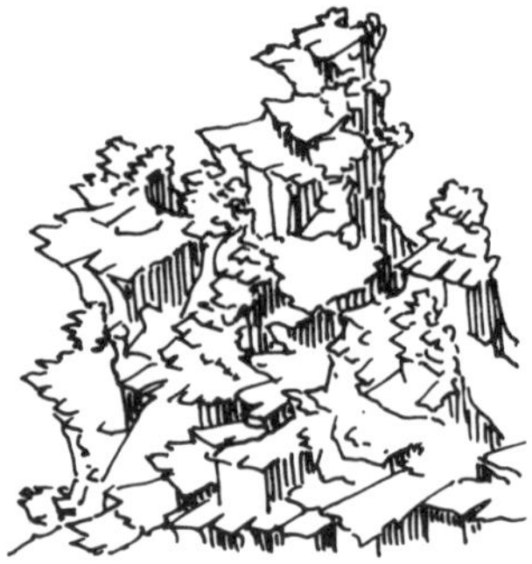

Abb. 137

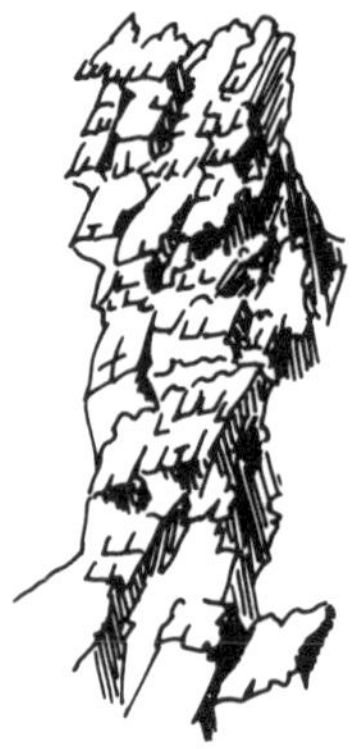

Abb. 138

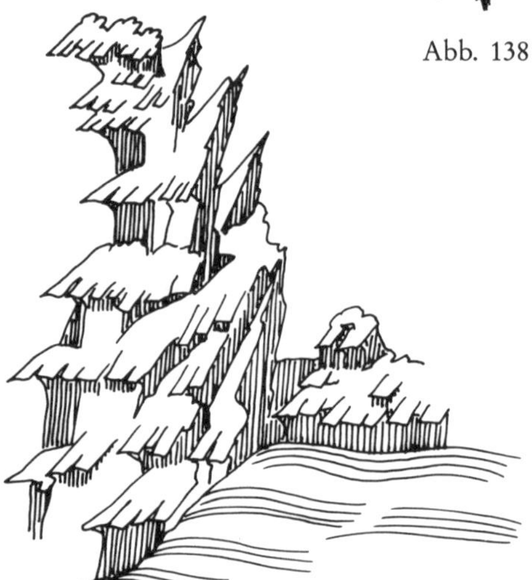

Abb. 139

Semen Spiridonow drückte der Malerei der Berge seinen ganz eigenen Stempel auf. *Abb. 139* stammt von einer von ihm gemalten »Hl. Nikolaus«-Ikone. Spiridonow setzte oft Erdgrün und Dunkelbraun ein.

Nach der östlichen Tradition wurde Christus in einer Höhle geboren. Im Protoevangelium des Jakobus wird erzählt: »Und er (Joseph) fand dort eine Höhle und führte sie (Maria) hinein.«

Man malt die Höhle schwarz, weil sie die Sünde symbolisiert, in die Christus, das Licht der Welt, hineingeboren wird. *Abb. 141* stellt ein Detail einer Geburtsikone dar. Manchmal kommt diese Geburtshöhle auch auf Verkündigungsikonen vor. In der Sammlung J. V. Tjukins findet man eine Serie von Vorzeichnungen der Stroganow-Schule. Zu dieser Serie gehört auch eine sehr schöne Verkündigungsikone. Dort ist in einer Felsengruppe zwischen der Gottesmutter und dem Engel eine Höhle zu sehen, in der die Worte zu lesen sind: »Die Höhle, in der Christus geboren wurde« (*Abb. 142*).

Auch in der Schatzkammer des Solowki-Klosters findet man eine Verkündigungsikone, auf der in einer Höhle eine kleine Krippe wiedergegeben ist, und darüber der Text: »Der Berg und die Höhle, in der XC (Christus) geboren wurde«. Auf dieser Ikone erkennt man auch in einer Mandorla vor der Brust der Gottesmutter Christus-Emmanuel genau wie auf der berühmten Verkündigungsikone von Ustjug, wenn auch zuletzt behauptet wurde, dies sei keine Mandorla (*Abb. 143*)[14].

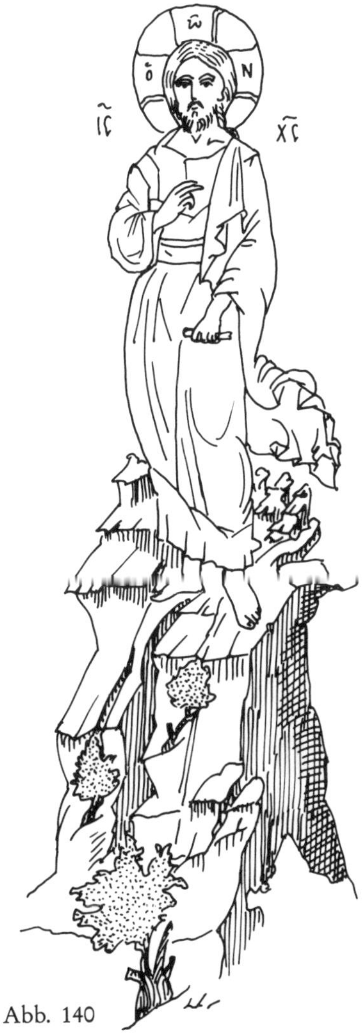

Abb. 140

Manchmal werden auf der Weihnachtsikone alle die Ereignisse dargestellt, die mit der Geburt Christi in irgendeiner Weise in Verbindung stehen, wie die Ankunft der Weisen bei Herodes, der Kindermord zu Bethlehem, die Flucht nach Ägypten usw.

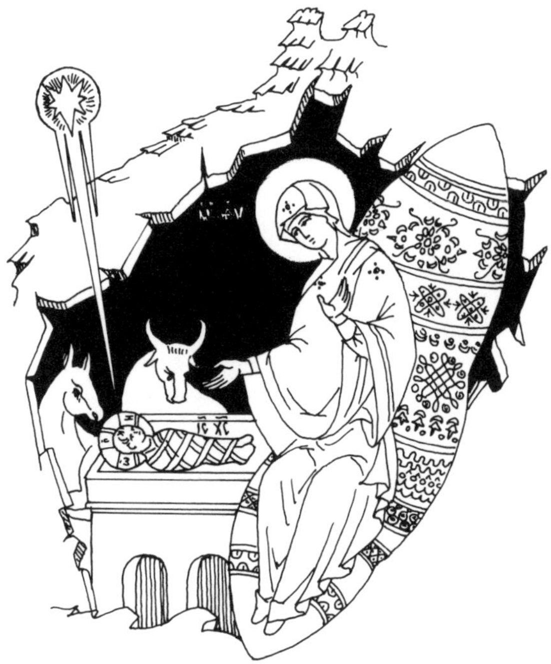

Abb. 141

Zu diesem Themenkreis gehört auch die Erzählung von Elisabeth, die, schwanger mit dem kleinen Johannes, in die Wüste flieht. Auf einer Ikone wird auch ein mit einem Speer bewaffneter Soldat vor einer Höhle gezeigt. Nach den apokryphen Erzählungen tat sich ein Berg zu einer Höhle auf und rettete so Elisabeth und das Kind vor den Soldaten, indem er sich nach ihrem Eintritt wieder schloß. *Abb. 144* stammt von einer Weihnachtsikone des Stockholmer Nationalmuseums (ca. 1580–1600).

Auf Ikonen, die Johannes den Evangelisten als auf die Insel Patmos Verbannten darstellen, finden wir im Hintergrund eine

Abb. 142

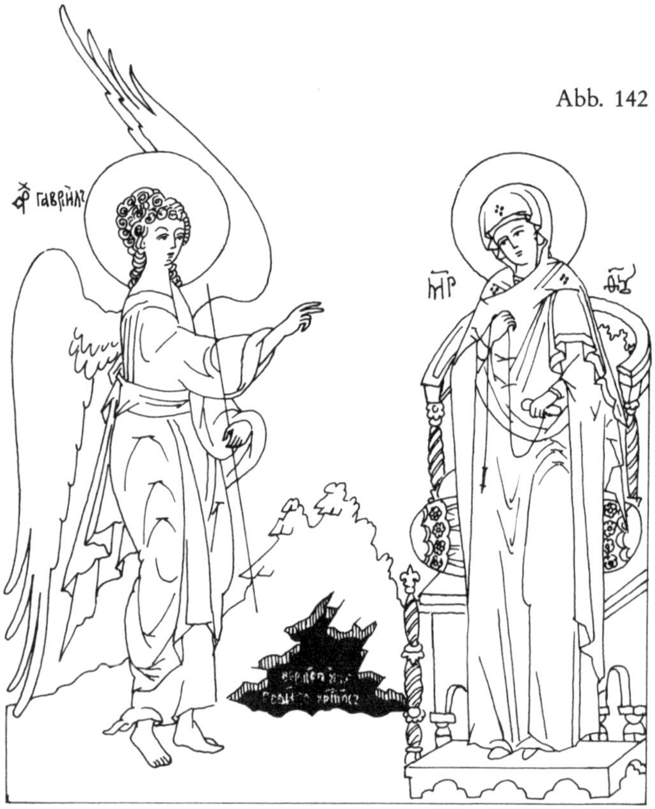

Abb. 143

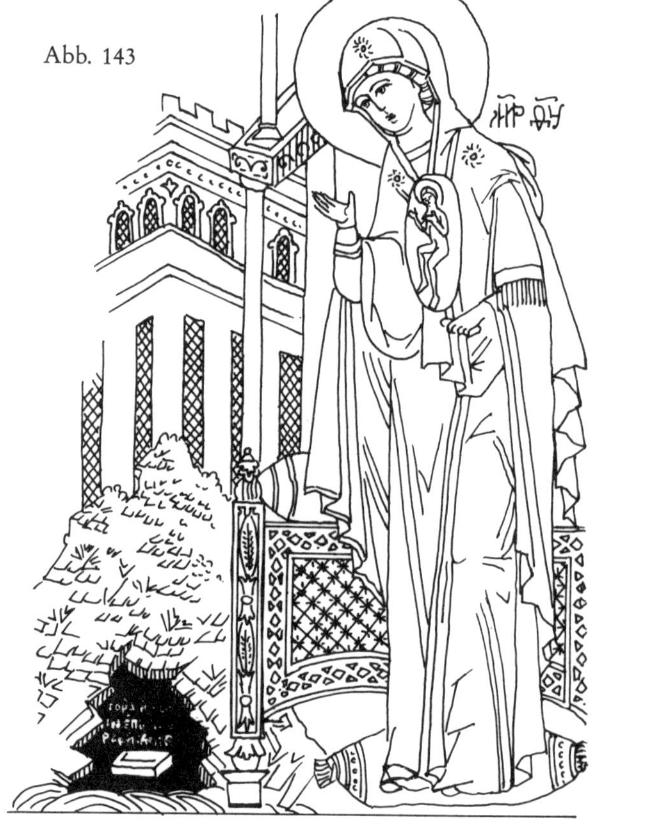

Höhle, vor der der Schreiber Prochor sitzt. *Abb. 145* und *146* sind Ausschnitte solcher Ikonen.
Im liturgischen Leben der Ostkirchen spielt die Erzählung von der Auferweckung des Lazarus eine wichtige Rolle, weil dieses Ereignis gewissermaßen als Vorzeichen der allgemeinen Auferstehung aller Menschen verstanden wird. *Abb. 149* gibt einen Ausschnitt einer Ikone der »Aufer-

weckung des Lazarus« von 1497 wieder, die zur Schule von Nowgorod gehört[15]. Unterhalb des Kreuzes Christi finden wir eine Höhle, in der ein Schädel erkennbar ist (*Abb. 147*). Die Darstellung der Höhle gründet sich auf die apokryphen Erzählungen, nach denen das Kreuz Christi auf dem Grab Adams errichtet wurde. Wenn man auf vielen Ikonen rote Linien von den Fußwunden Christi hinunter zum Schädel

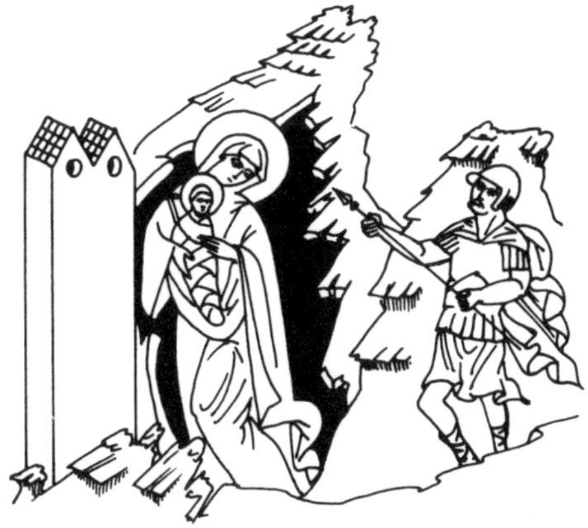

Abb. 144

Abb. 145

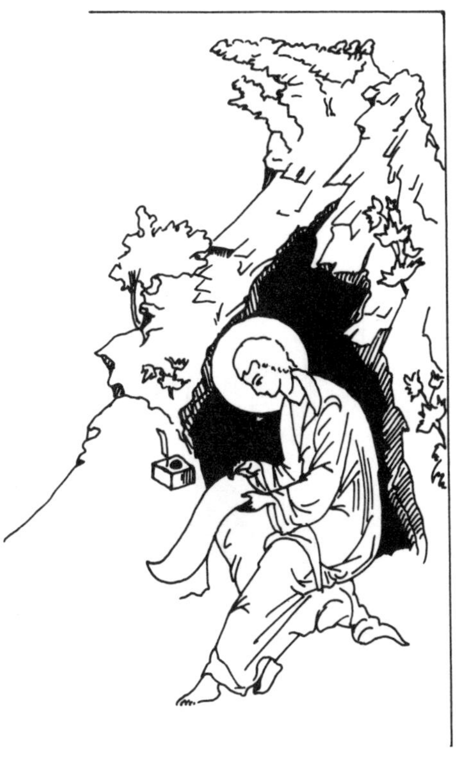

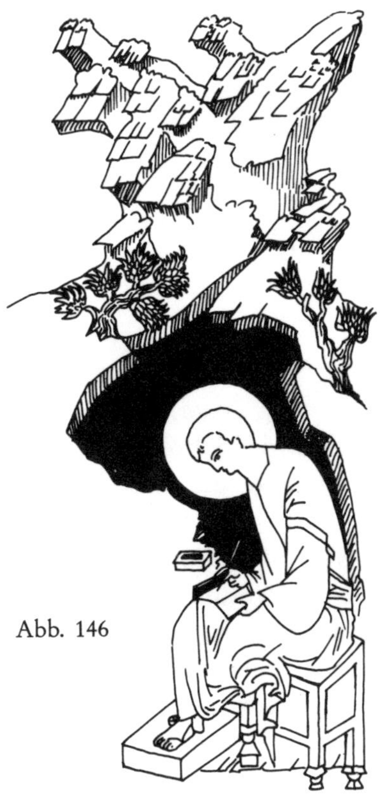

Abb. 146

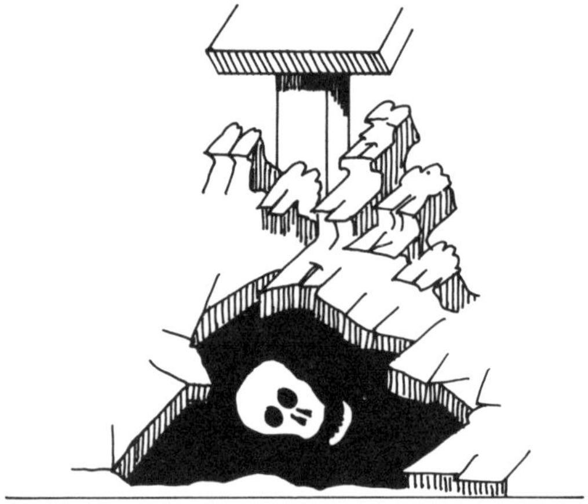

Abb. 147

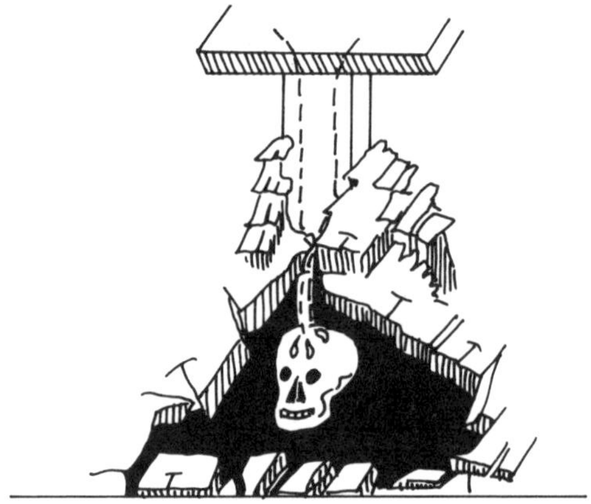

Abb. 148

Adams gemalt sieht, will das die Rettung der gesamten Menschheit durch das Blut Christi bedeuten (*Abb. 148*). Eine andere Ikone, auf der eine Höhle vorkommt, ist der »Abstieg Christi in das Totenreich«. Den Hades kann man dann als Höhle unter den Füßen Christi erkennen, und oft entdeckt man dort Engel, die die bösen Geister bestrafen.

Erwähnt sei eine derartige Ikone aus der Malerwerkstatt des Dionysios, die sich jetzt im Russischen Museum in Leningrad befindet. Sie stammt aus dem Jahre 1502[16]. Ein anderes Beispiel stammt aus dem Stockholmer Nationalmuseum. Auf dieser Ikone, die zur Schule von Pskow (16. Jahrhundert) gehört, umgibt die Höhle Christus ganz[17].

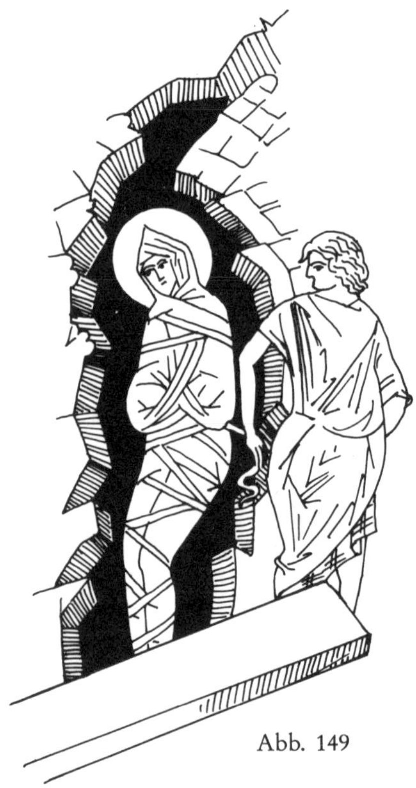

Abb. 149

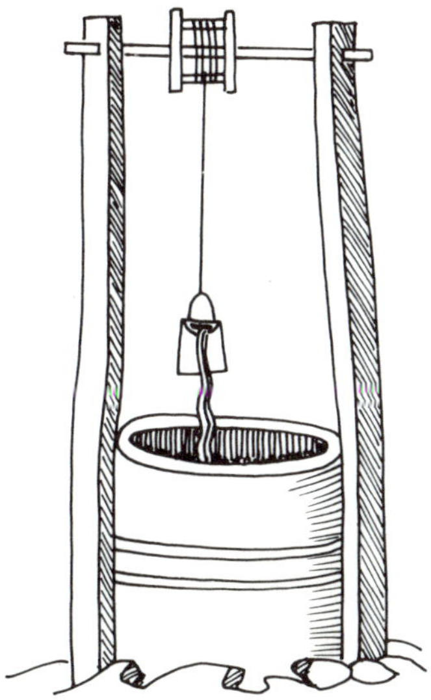

Abb. 150

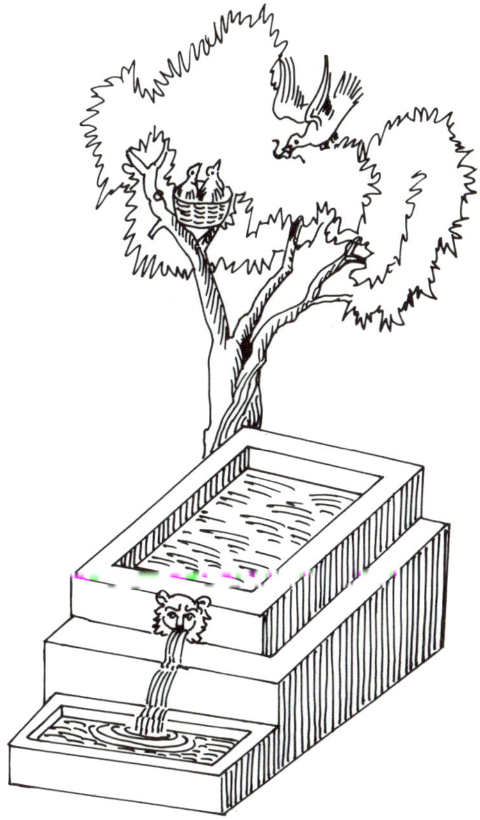

Abb. 151

Brunnen und Quellen

Im Chludow-Psalter findet man auf Seite 33 ein Bild, auf dem sich Christus mit der Samariterin unterhält. Im Mittelpunkt steht ein Brunnen, wie er für Osteuropa typisch ist (*Abb. 150*).

Auf der Ikone, die das Treffen Annas und Joachims vor der Goldenen Pforte zeigt, gibt es als Seitenikone in der oberen Ecke auch die Verkündigung des Engels an Anna zu sehen, und in einer anderen Ecke findet man Joachim. Diese Verkündigungsbilder haben oft einen Brunnen, und in seiner Nähe einen Baum mit Vögeln (*Abb. 151*). *Abb. 152* stammt von einem Mosaik aus der Kirche von Daphni. Die Zierspitze der Quelle in der Gestalt eines granatapfelförmigen Springbrunnens ist ebenso ein Symbol der Fruchtbarkeit wie der Baum mit dem Vogelnest.

Eine Ikone, auf der stets ein Brunnen vor-

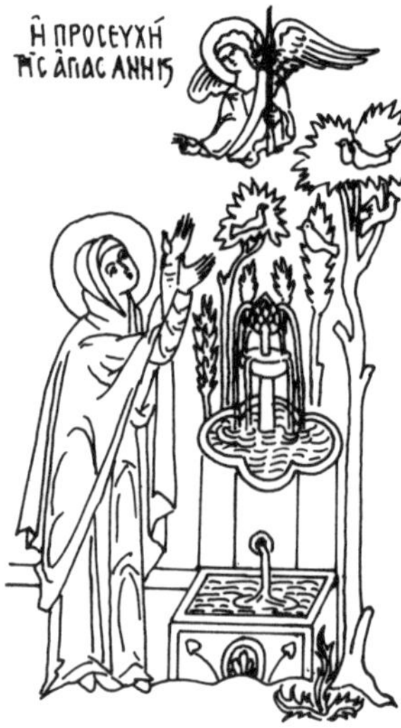

Abb. 152

kommt, ist die »Vorverkündigung der Gottesmutter«, auch »Die Verkündigung am Brunnen« genannt. Das Protoevangelium des Jakobus erzählt: »Und sie (Maria) nahm einen Krug und verließ das Haus, um Wasser zu holen. Und siehe, eine Stimme sprach zu ihr: ›Freue dich, du Gnadenreiche, der Herr ist mit dir, gesegnet bist du unter den Frauen.‹«
Abb. 153 zeigt einen Brunnen aus Nordrußland oder Karelien. Die *Abb. 154* stammt von einer Ikone aus dem Anfang

Abb. 153

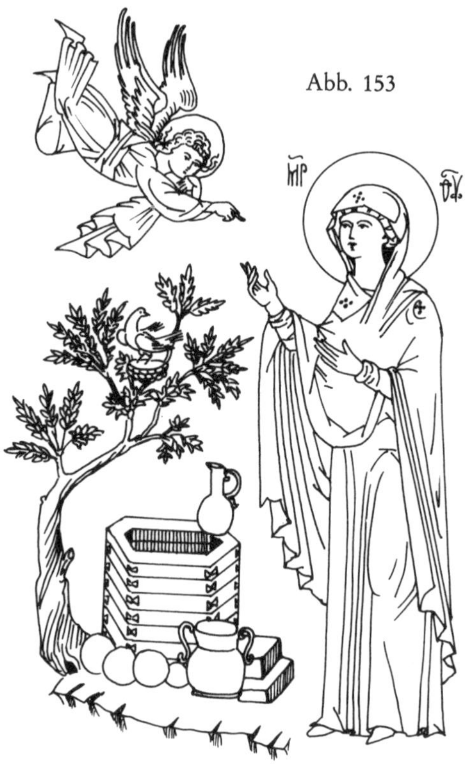

Abb. 154

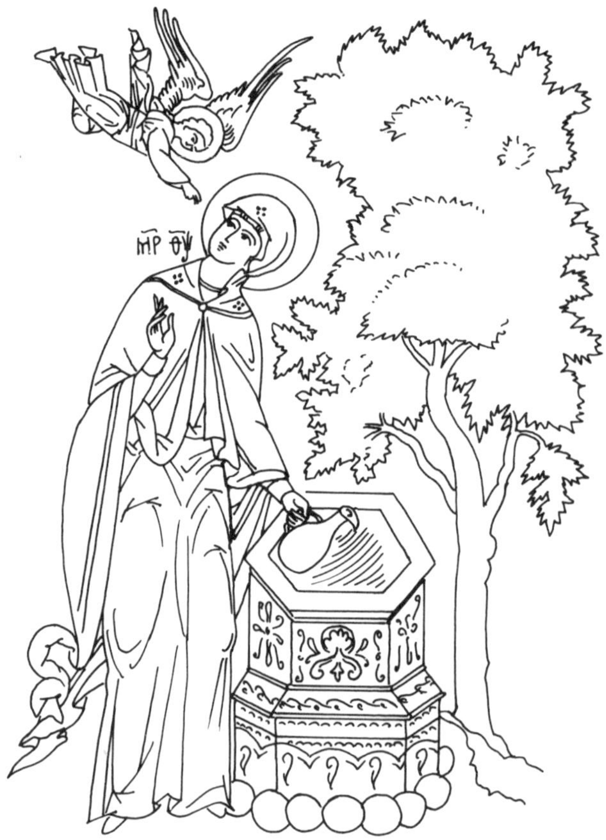

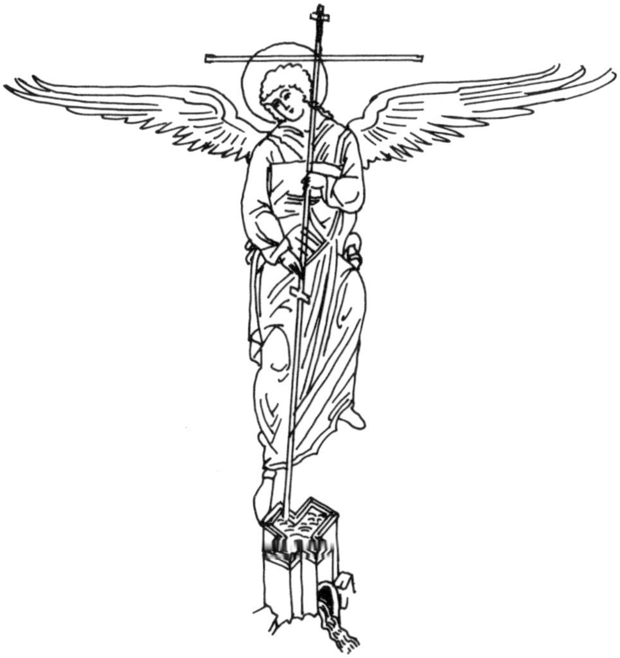

Abb. 155

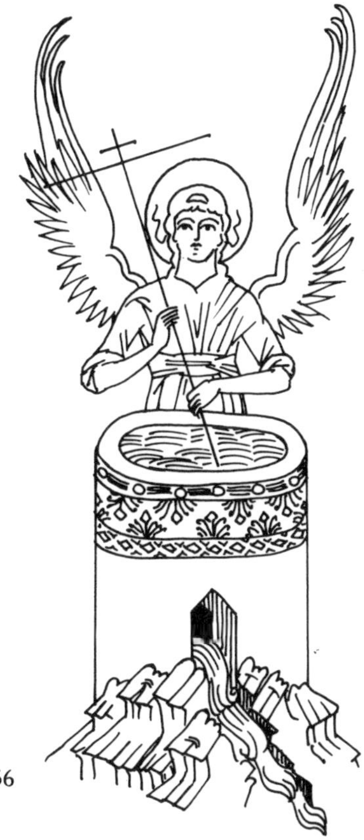

Abb. 156

des 19. Jahrhunderts und gehört zur Schule von Palech. Der Brunnen ist in der für diesen Stil typischen Weise geschmückt[18].

Einen Brunnen oder eine Quelle weisen immer Ikonen der »Kreuzprozession« auf. Diese Ikone beruht auf einer alten Tradition, nach der in Konstantinopel das heilige Kreuz in einer feierlichen Prozession zu einem außerhalb der Stadt liegenden Brunnen getragen wurde. Das Wasser des Brunnens wurde gesegnet, und man fuhr die Kranken in die Nähe dieses Wassers. Neben dem Brunnen steht der Erzengel Michael und hält das heilige Kreuz in der Hand.

Abb. 155 stammt von einer Ikone auf der Rückseite eines Vortragekreuzes (Kunsthistorisches Museum Zagorsk). Die *Abb. 156–158* sind Ausschnitte der oben erwähnten Ikonen der »Kreuzprozession«.

In Griechenland wurde schon immer eine Ikone besonders verehrt – die »Mutter Gottes, die lebenspendende Quelle« oder »Mutter Gottes, die lebendige Quelle«. Man sieht dort die Gottesmutter in Orans-Haltung, und vor ihr steht Christus-Em-

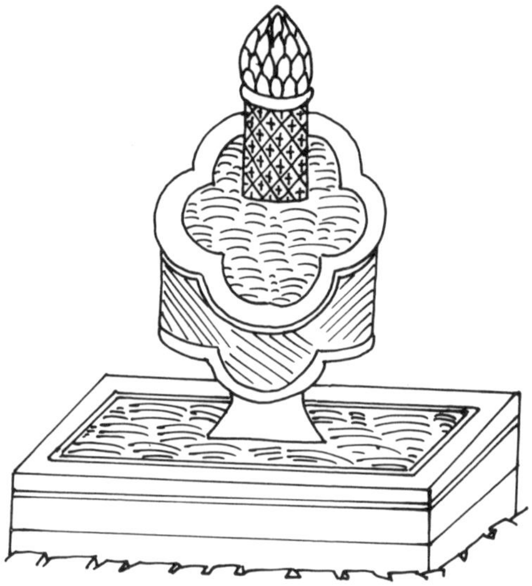

Abb. 157

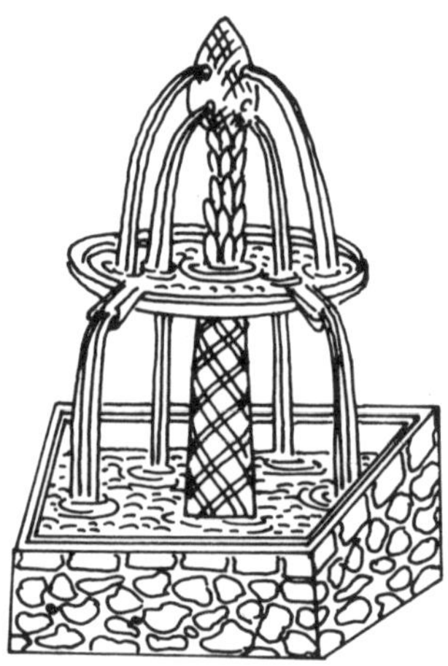

Abb. 158

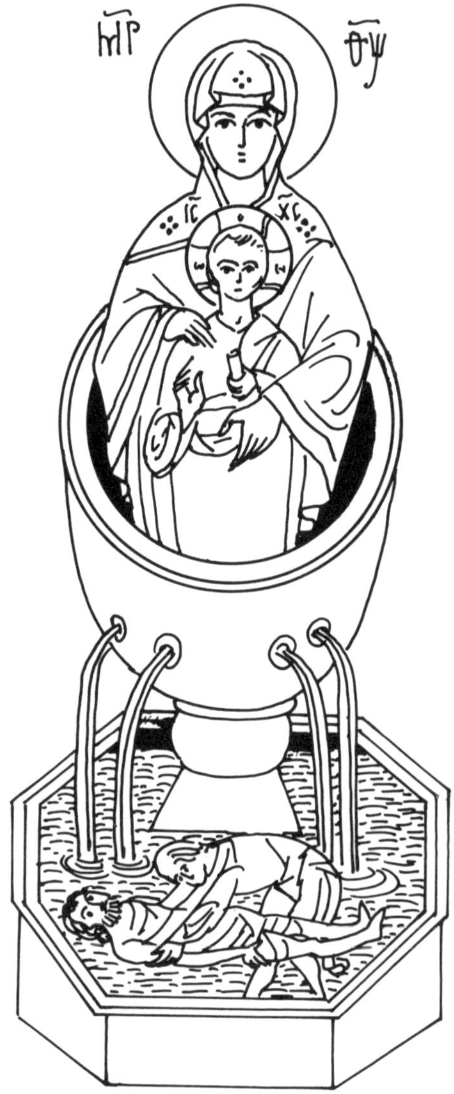

Abb. 159

manuel in einer als Springbrunnen gemalten Quelle. Um sich hat er Menschen versammelt, die das Wasser der Quelle trinken, und auch die Kranken werden geheilt. Manchmal baden die Kranken auch in dem Wasser wie auf *Abb. 159.*

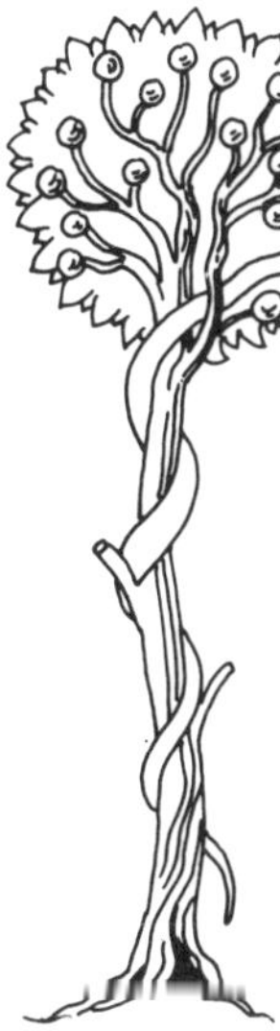

Abb. 160

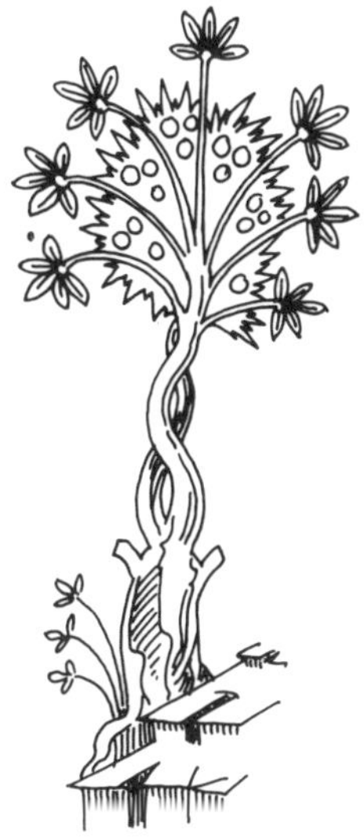

Abb. 161

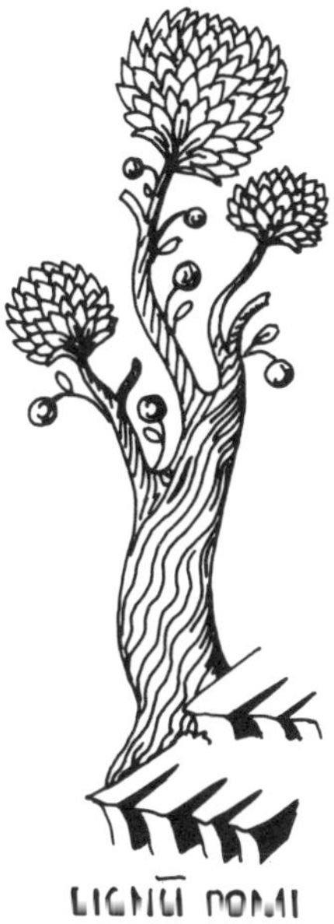

Abb. 162

Bäume

Die Symbolhaftigkeit des Baumes ist über die ganze Welt verbreitet und für die Christen besonders wichtig geworden. Unmittelbar auf die Erzählung von der Erschaffung des Menschen folgt die Erzählung vom Baume der Erkenntnis von Gut und Böse. »Und Gott, der Herr, befahl dem Menschen: Von allen Bäumen des Paradieses darfst du essen, aber von dem Baume der Erkenntnis von Gut und Böse darfst du nicht essen, denn an dem Tag, da du davon ißt, mußt du sterben.« (Genesis 2,16) Die letzten Worte weisen darauf hin, daß dieser Baum auch Symbol des Lebens und des Todes ist: »Und er vertrieb den Menschen und stellte im Osten des Gartens Eden Cherubim auf und das lodernde Flammenschwert, damit sie den Weg zum Baum des Lebens bewachen.« (Genesis 3,24) Vom Baum des Lebens ist auch in der Offenbarung des Johannes (22,2) die Rede.
Das Kreuz Christi wurde schon in der Urkirche als Baum gedeutet, an dem der Sieger über den Tod hängt. Der Apostel Paulus hat auf den Gegensatz zwischen Christus und Adam hingewiesen, so daß man sagen könnte: Über den Baum Adams kam der Tod (den Baum des Wissens um Gut und Böse), und über das Holz des Kreuzes Christi kam das Leben in die Welt.
Der Baum des Paradieses mit der Schlange taucht also gewiß auf den Malereien zum

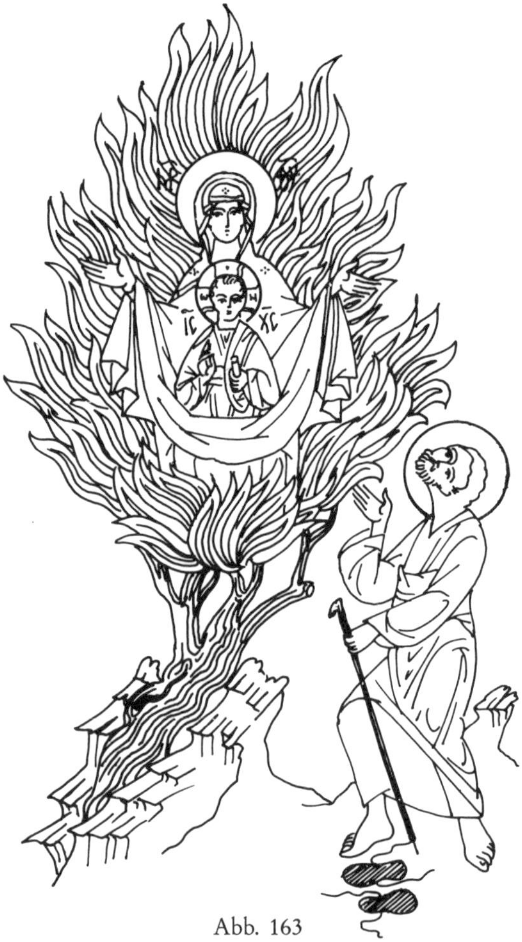

Abb. 163

Schöpfungslied wie der Vertreibung aus dem Paradies auf. Als selbständige Ikone gibt es ihn nur ganz selten. Ein Beispiel wäre die »Vater unser«-Ikone (*Abb. 160*). Am Rande der Ikone findet man folgenden Text: »Laß uns nicht vertrocknen!«

Abb. 161 und *162* sind Varianten des Paradiesbaumes. *Abb. 162* stammt von einem Mosaik aus San Marco in Venedig,

Abb. 163 zeigt eine Ikone vom »Brennenden Dornbusch« mit der Mutter Gottes in Gebetshaltung sowie dem Christus-Emmanuel inmitten des buschartigen Baumes. Vor dem Strauch steht Moses mit abgelegten Sandalen. Auf vielen Ikonen zu diesem Motiv erscheint die Mutter Gottes in einer sternförmigen Figur, und Moses befindet sich auf der Randeinfassung der Ikone.

Abb. 164 zeigt einen Bildausschnitt aus dem Alten Testament von Maciejowsk, auf dem Abraham dargestellt wird, wie er seinen Sohn opfern will. Das Alte Testament von Maciejowsk stammt aus dem 13. Jahrhundert, Papst Paul V. schenkte es 1608 dem Schah von Persien.

Zu den »Johannes der Täufer«-Ikonen ge-

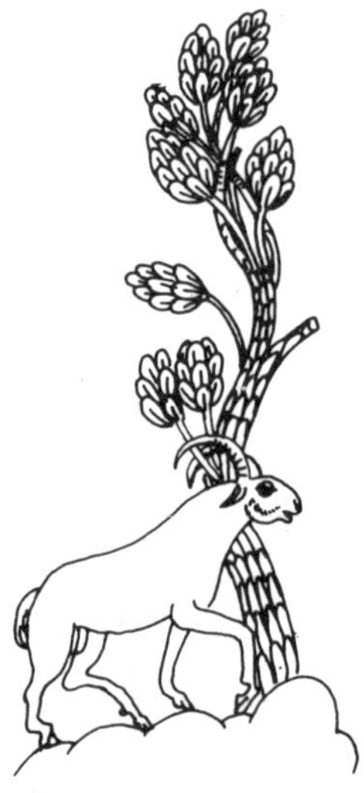

Abb. 164

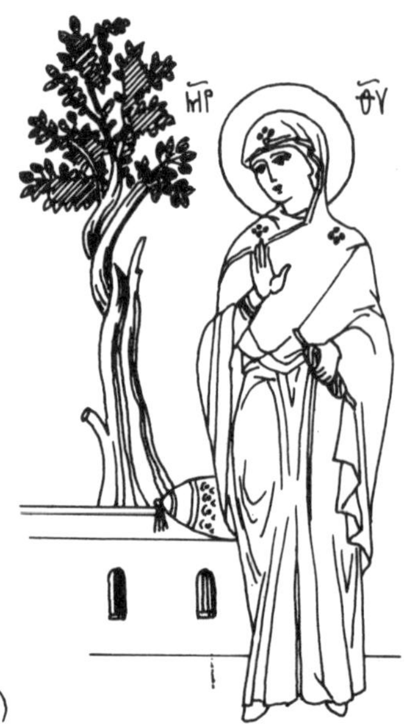

Abb. 165

hört gewöhnlich ein Baum, an dessen Wurzel eine Axt liegt: »Schon ist die Axt an die Wurzel der Bäume gelegt.« (Matthäus 3,10) Auf *Abb. 166* sieht man einen solchen Baum auf einer aus dem 17. Jahrhundert stammenden Ikone, die sich jetzt in der Griechenkirche in Venedig befindet (STR, S. 355). Der Baum symbolisiert natürlich auch die Fruchtbarkeit und das Leben (*Abb. 151, 152, 153* und *154*). Auf der Ikone vom »Einzug Christi nach Jerusalem« findet man immer einen Baum, auf den die Kinder geklettert sind, um Zweige zu pflücken (vgl. Matthäus 21,8 u. Markus 11,8). *Abb. 167* stammt von einer Ikone aus dem Recklinghausener Ikonenmuseum, und *Abb. 173* aus dem Psalter von Chludow.

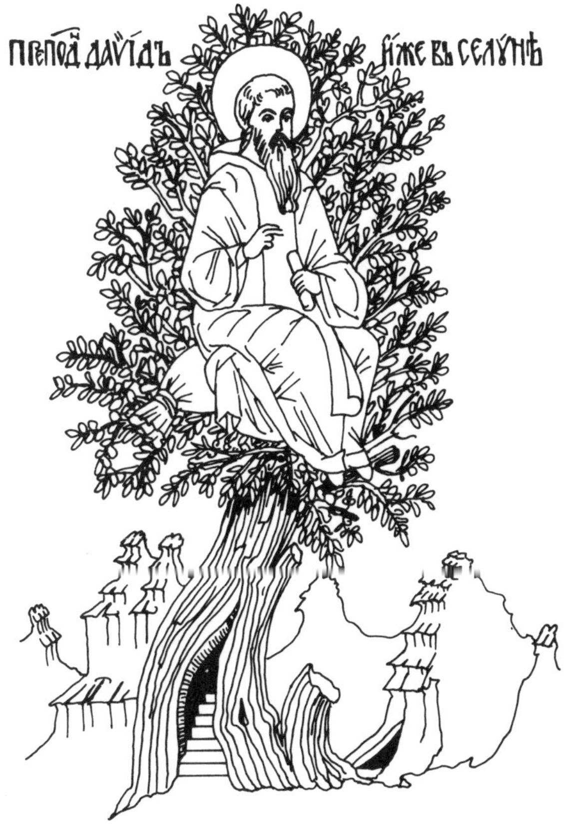

Abb. 168

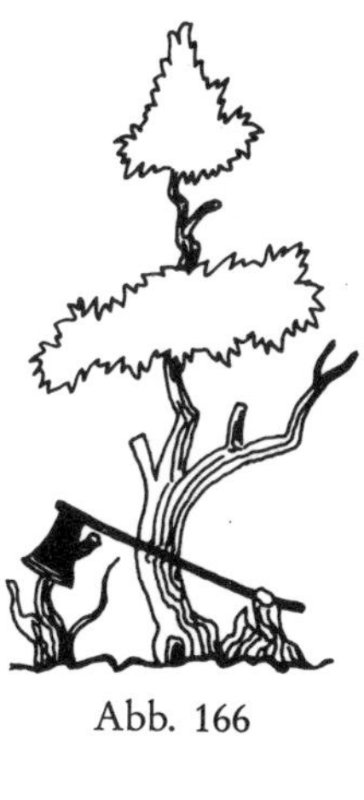

Abb. 166

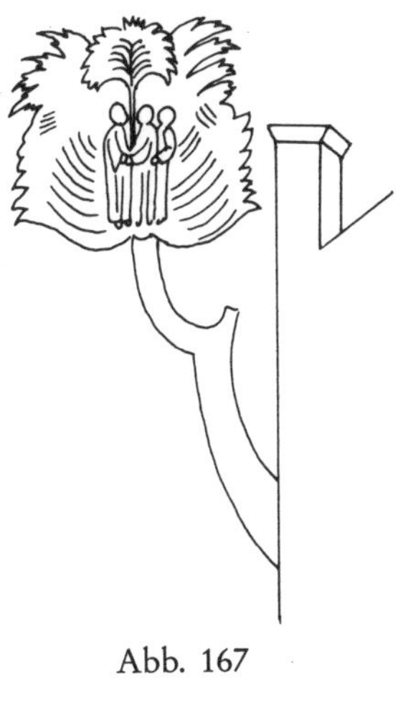

Abb. 167

Auf der zuletzt erwähnten Abbildung wird auch deutlich, daß man Bäume im 10. Jahrhundert noch »naturalistisch« malte, aber man muß immer daran denken, daß allzuviel Naturalismus für eine Ikone unverträglich ist. Bäume gibt man daher am besten mehr oder weniger stilisiert wieder.

Abb. 168 entspricht dem Modellbuch der Stroganows (STR, S. 355). Dort sitzt der hl. David von Thessaloniki auf einem

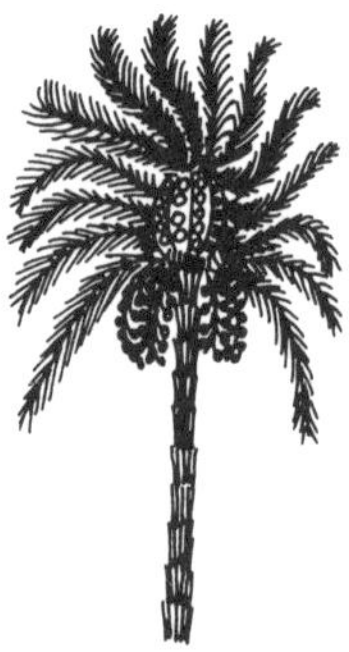

Abb. 169

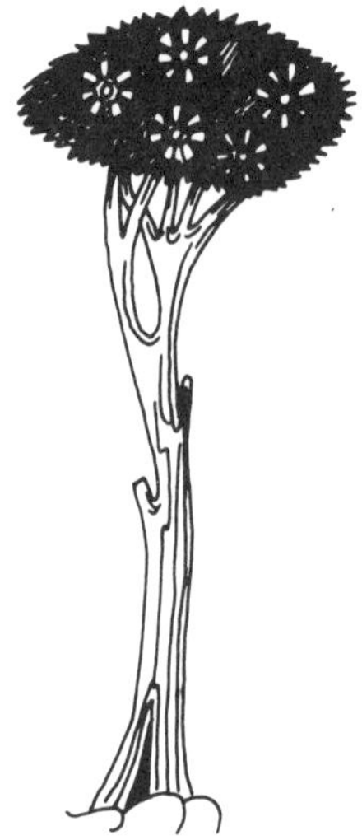

Abb. 170

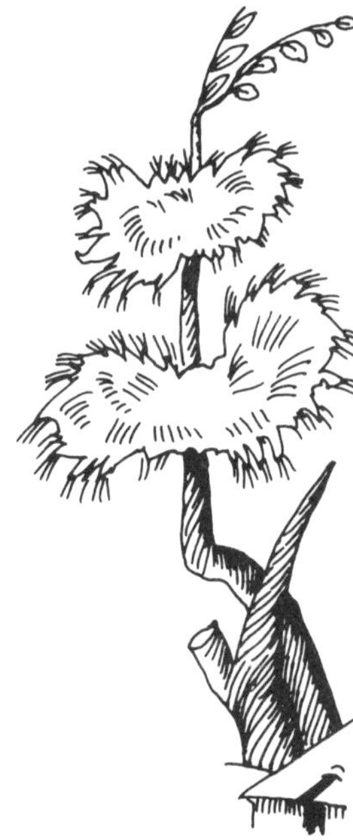

Abb. 171

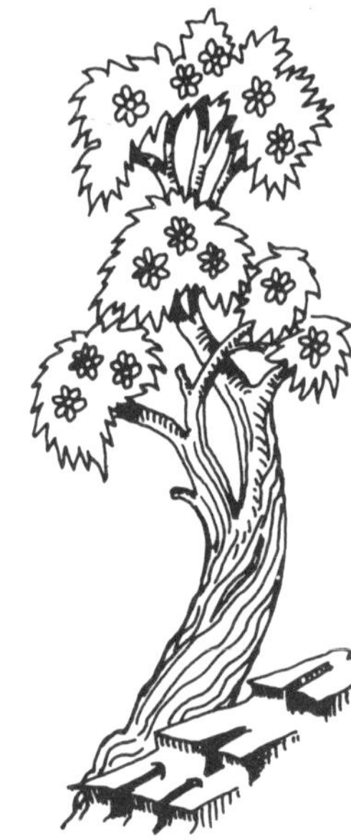

Abb. 172

Baum. David gehört zu einer Gruppe von Asketen, die auf Bäumen lebten (die sog. Dendriten, vom griechischen Wort dendron = Baum).
Die Bäume der *Abb. 169–172* und *174–182* stammen von unterschiedlichen Ikonen und stehen dort oft inmitten der Felsen. Die Bäume geben der Landschaft Lebendigkeit und tragen dazu bei, den Eindruck von Eintönigkeit und Flachheit zu vermeiden.

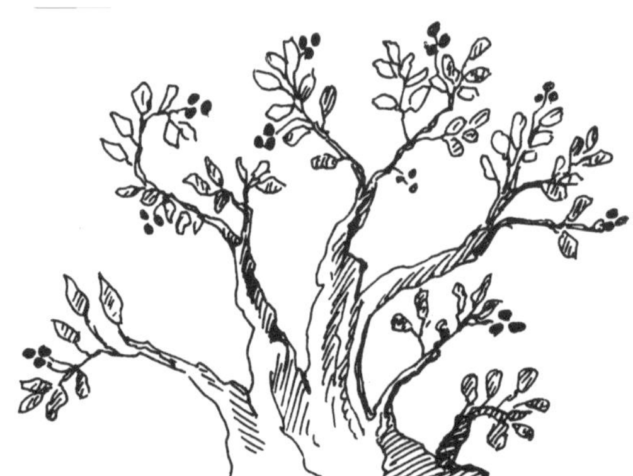

Abb. 173

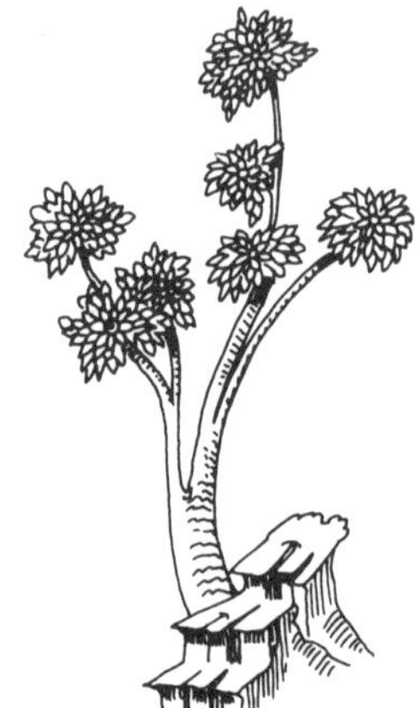

Abb. 174

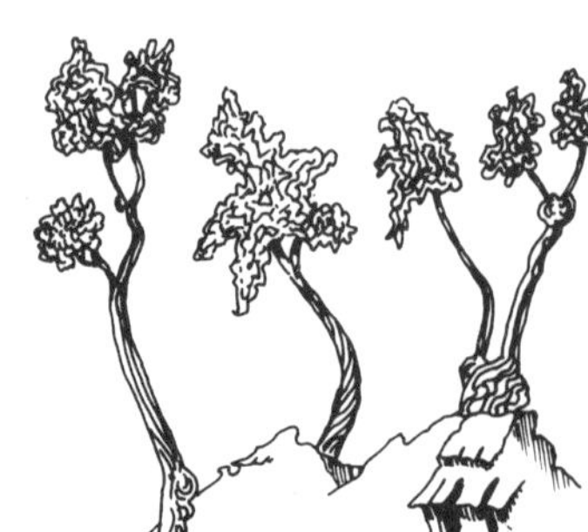

Abb. 175

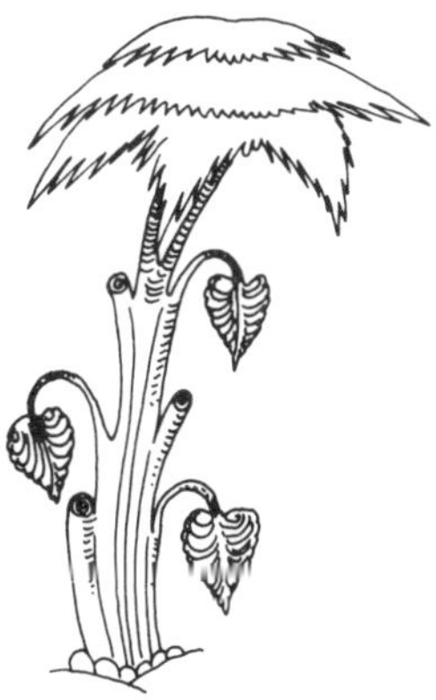

Abb. 176

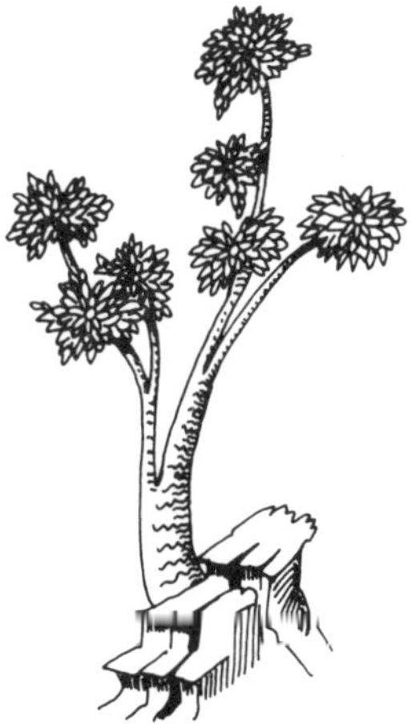

Abb. 177

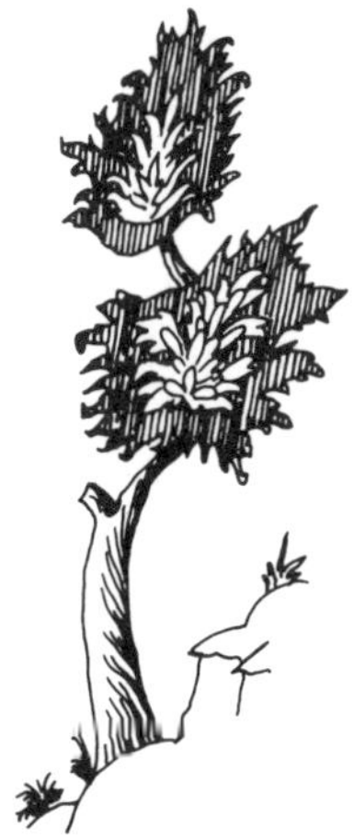

Abb. 178

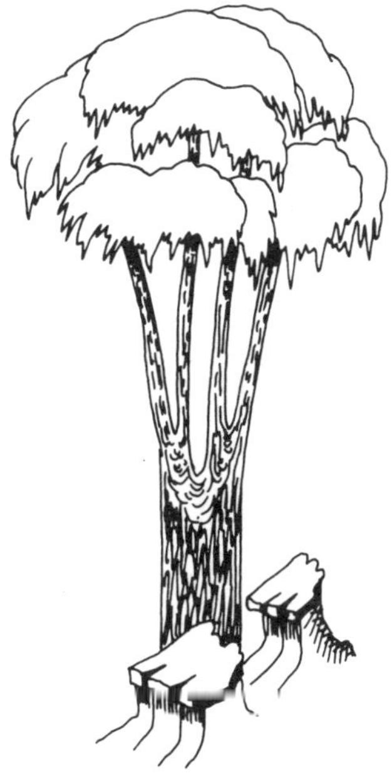

Abb. 179

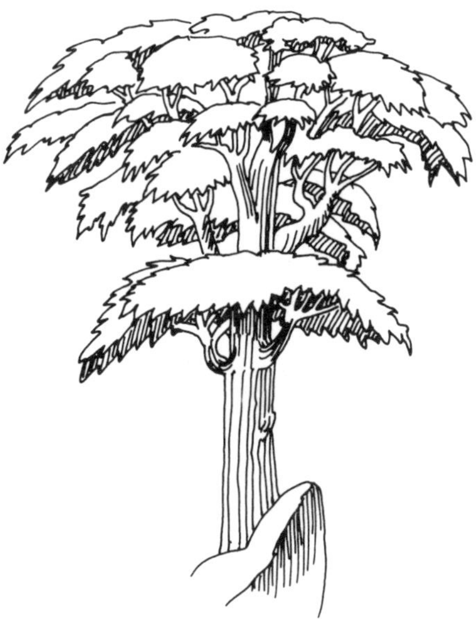

Abb. 180

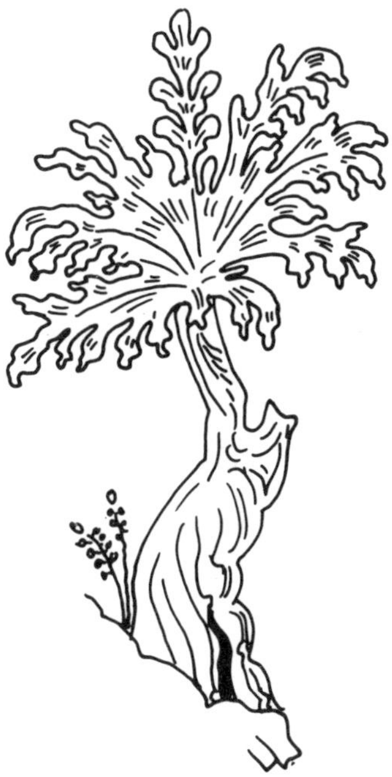

Abb. 181

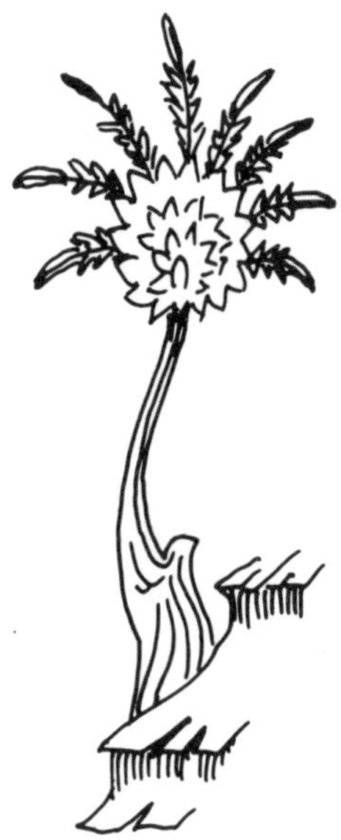

Abb. 182

Schiffe

Schiffe tauchen auf folgenden Ikonen auf: wenn von Schiffahrten verschiedener Heiliger erzählt wird; auf Christus-Ikonen: »Die Stillung des Sturms«, »Petrus beim Fischfang«, »Versuch des Petrus, auf dem Wasser zu gehen«; im Zusammenhang mit der Geschichte verschiedener Klöster (z.B. »Zosima und Sawwati segeln nach Solowki«) u.a.
Die Überführung der Reliquien des hl. Nikolaus wurde nach der Kiewer Legende (1110/20) als eine Schiffahrt übers Meer abgebildet (*Abb. 183–185*)[19]. Der hl. Nikolaus war u.a. der Schutzpatron der Seeleute, weshalb viele Bilder, die von sei-

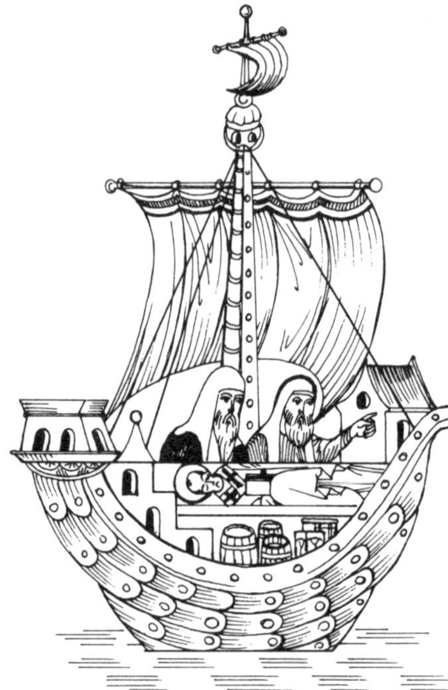

Abb. 184

Abb. 183

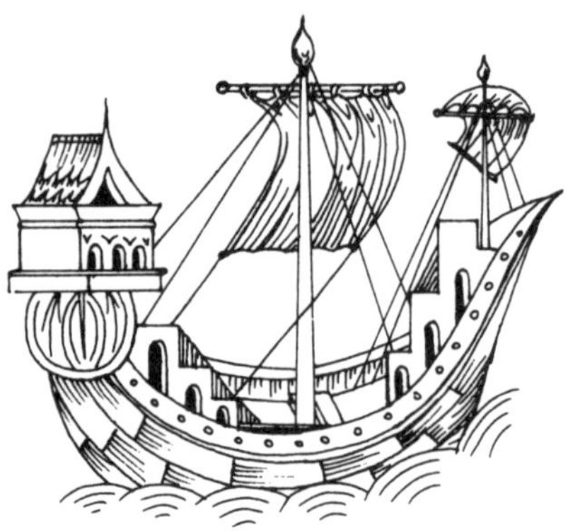

Abb. 185

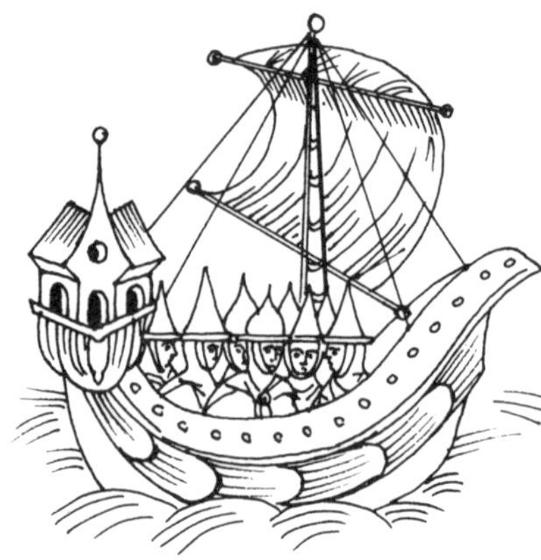

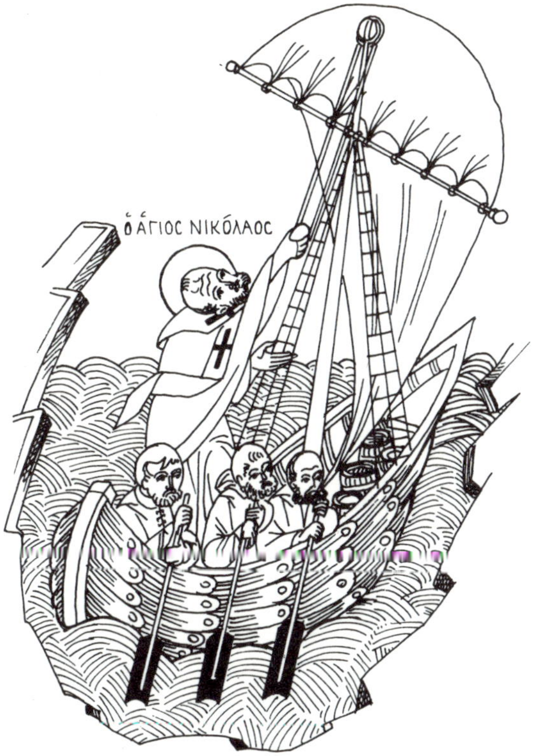

Abb. 186

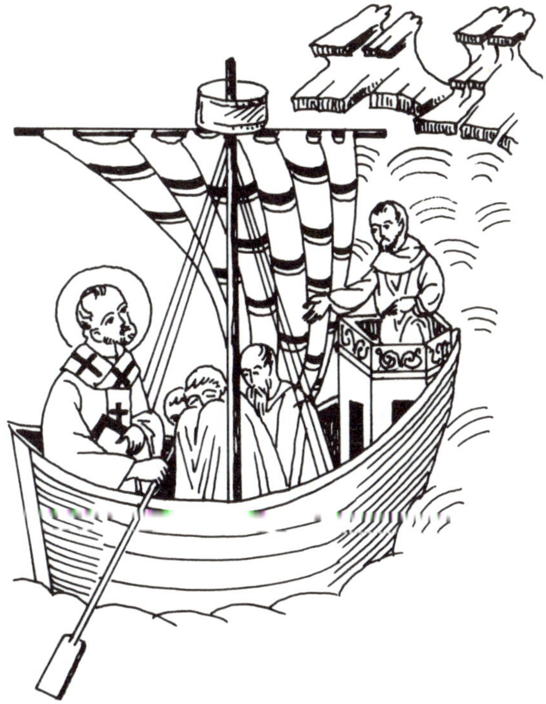

Abb. 187

nem Wirken berichten, die Rettung von Schiffen aus Seenot zum Gegenstand haben (*Abb. 186–188*).

Geographisch bedingte Unterschiede zeigen sich besonders bei den Aufbauten der Schiffe. Auf *Abb. 189* sitzen zwei Mönche des Klosters Solowki in einem Schiff skandinavischer Bauart, und auf *Abb. 190* sehen wir ein Schiff in der Art des Panteleimon-Klosters vom Berge Athos.

Nach 1553, als westeuropäische Schiffe bis nach Archangelsk und über Cholmogori sogar bis nach Jaroslawl fuhren, malte man auf Ikonen auch solche Schiffe. Semen Spiridonow, der in Cholmogori zu Hause war, kannte diese Schiffe, und so malte er auf einer Ikone den hl. Nikolaus in ein von Seenot bedrängtes Schiff, das eine genaue Wiedergabe eines holländischen Flöjt-Schiffes ist[20]. Es gibt eine das Solowki-Kloster abbildende Ikone, auf der vor einer Insel eine Brigantine mit der ursprünglichen holländischen Flagge vor Anker liegt: dreimal rot-weiß-blaue Streifen (*Abb. 191*).

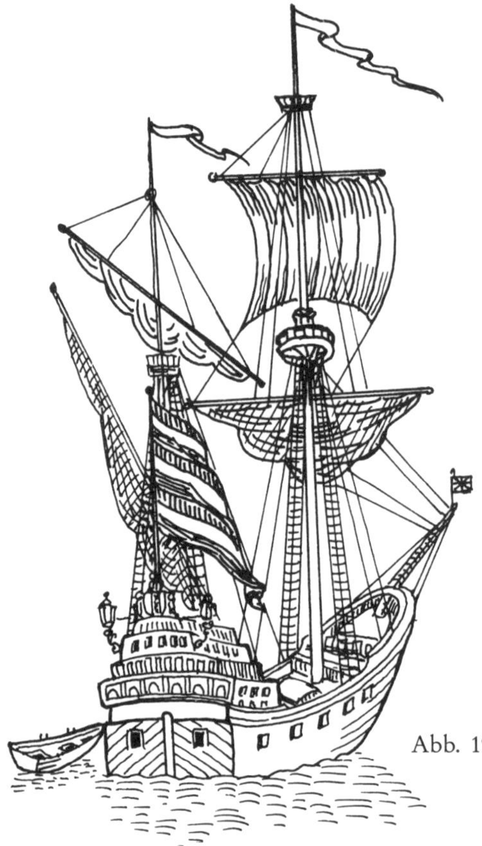

Abb. 191

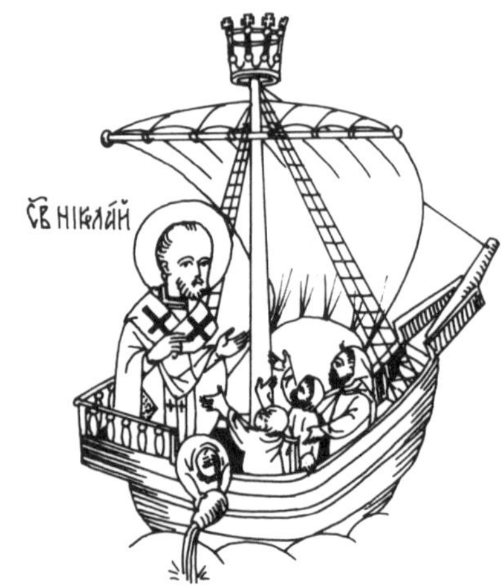

Abb. 188

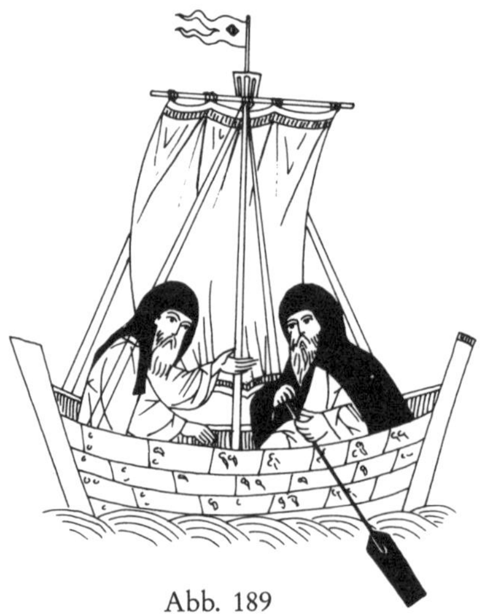

Abb. 189

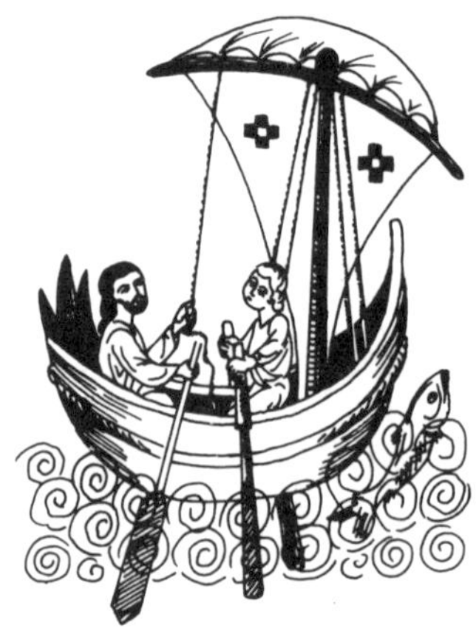

Abb. 190

Die Bücher

Zu einer Christus-Pantokrator-Ikone gehört ein Buch, das Christus in seiner linken Hand offen oder geschlossen hält. In dem geöffneten Buch findet man immer ein Wort Jesu aus den Evangelien. Obwohl dieser Text im allgemeinen nach dem ursprünglichen Modell kopiert wird, d.h. griechisch oder slawisch, kann man ihn auch in eine andere Sprache übersetzen. Hier sind verschiedene Beispiele für diese Texte:

- Johannes 8,32: »Ihr werdet die Wahrheit erkennen, und die Wahrheit wird euch frei machen!«
- Johannes 13,34: »Ein neues Gebot gebe ich euch: Liebet einander, wie ich euch geliebt habe!«
- Johannes 14,6: »Ich bin der Weg, die Wahrheit und das Leben.«
- Johannes 6,35: »Ich bin das Brot des Lebens; wer zu mir kommt, wird nie mehr hungern, und wer an mich glaubt, wird nie mehr dürsten.«

Diese Stelle ist auch gemeint, wenn man neben Christus schreibt: »Spender des Lebens«:

- Johannes 8,12: »Ich bin das Licht der Welt. Wer mir nachfolgt, wird nicht in der Finsternis umhergehen, sondern wird das Licht des Lebens haben.«

Wenn Jesus in der Kleidung des Hohenpriesters dargestellt wird:

- Johannes 10,11: »Ich bin der gute Hirte. Der gute Hirte gibt sein Leben hin für seine Schafe.«

Befindet sich die Christus-Ikone oberhalb der Türe, lautet der passende Text:

- Johannes 10,9: » Ich bin die Tür; wer durch mich eingeht, wird gerettet.«

Auf den Christus-Emmanuel-Ikonen findet man den Text Lukas 4,18:

- »Der Geist des Herrn ruht auf mir, denn der Herr hat mich gesalbt. Er hat mich gesandt, damit ich den Armen die gute Nachricht bringe.«

Wenn Christus unter den Aposteln abgebildet wird:

- Lukas 10,19: »Seht, ich gebe euch die Vollmacht, auf Schlangen und Skorpione zu treten und die ganze Macht des Feindes zu überwinden. Nichts wird euch schaden können.«

Christus unter den Bischöfen:

- Matthäus 5,14: »Ihr seid das Licht der Welt. Eine Stadt, die auf einem Berge liegt, kann nicht verborgen bleiben.«

Christus unter den Märtyrern:

- Matthäus 10,32: »Wer sich nun von den Menschen zu mir bekennt, zu dem werde auch ich mich vor dem Vater im Himmel bekennen.«

Christus unter den Eremiten:

- Matthäus 11,28: »Kommt alle zu mir, die ihr euch plagt und schwere Lasten zu tragen habt; ich werde euch Erleichterung verschaffen.«

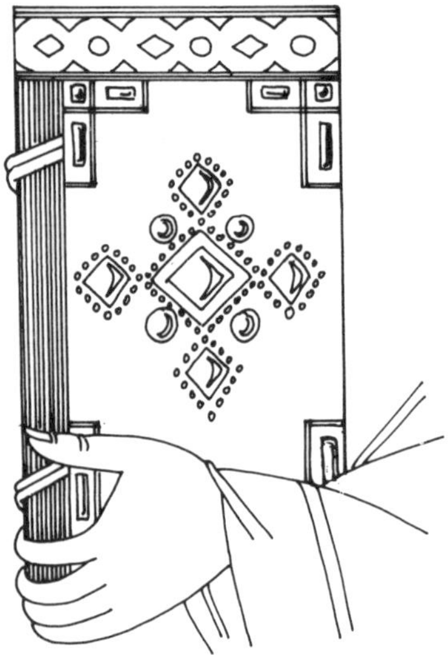

Abb. 192

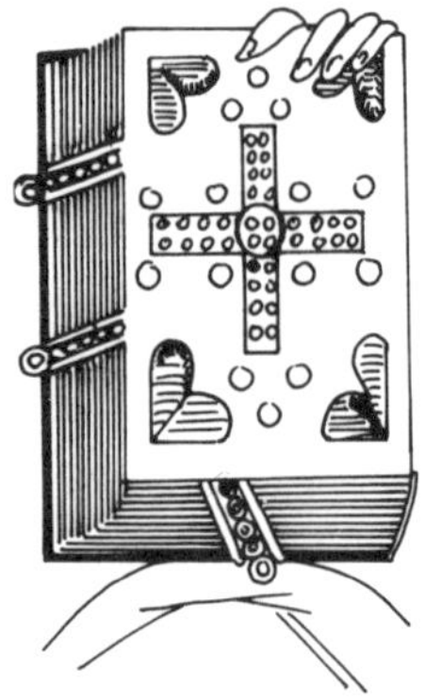

Abb. 193

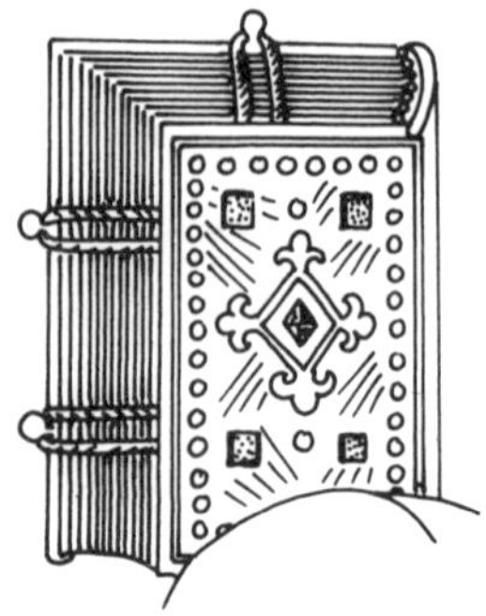

Abb. 194

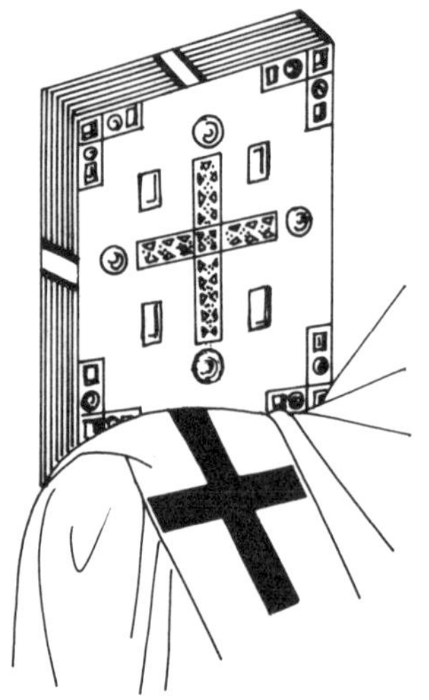

Abb. 195

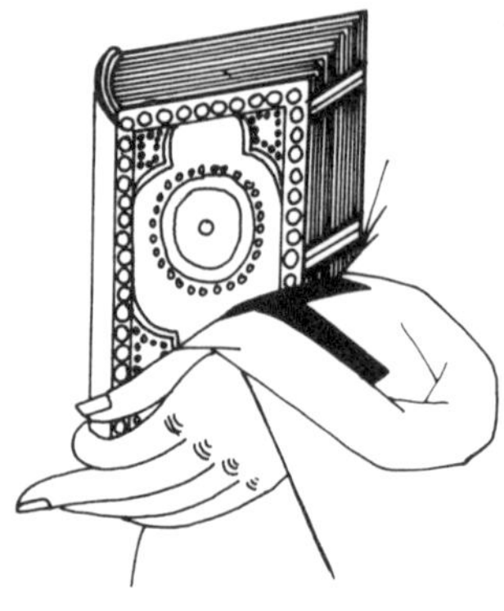

Abb. 196

Christus unter den »Nicht-auf-den-eigenen-Vorteil-Bedachten«:

- Matthäus 10,8: »Heilt Kranke, weckt Tote auf, macht Aussätzige rein, treibt Dämonen aus!«

Wenn Christus eine Schriftrolle in der Hand hält, ist die Rolle immer geschlossen. Christus hält das geöffnete wie das geschlossene Buch ohne Tuch in der bloßen Hand (*Abb. 192* und *193*). Die Bischöfe be-

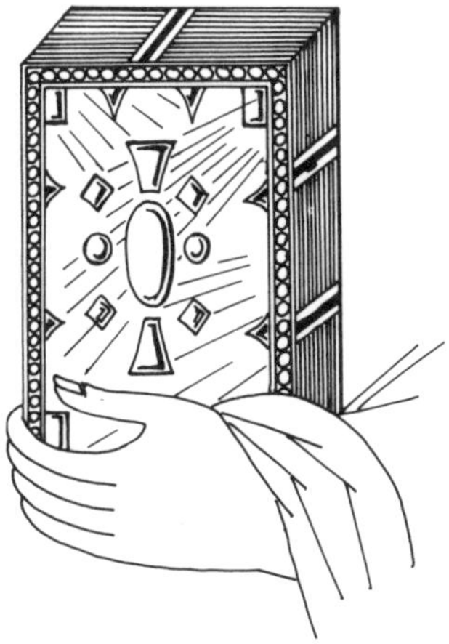

Abb. 197

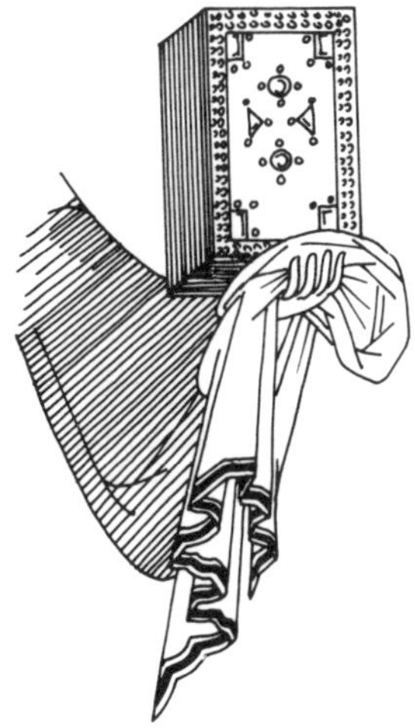

Abb. 198

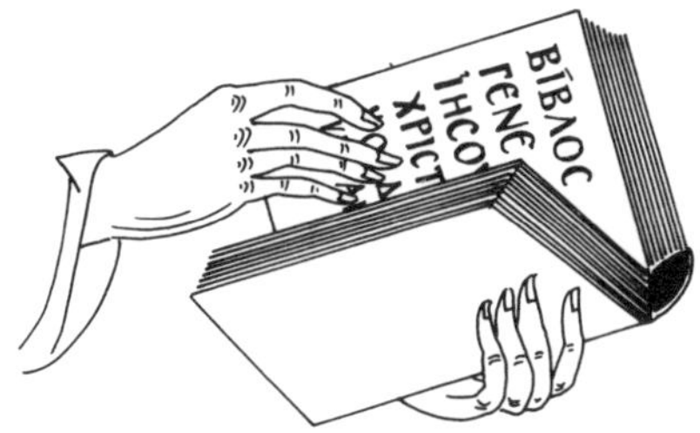

Abb. 199

decken die Hand, wenn sie ein Buch halten, oft mit einem Leinen oder dem Omophorion (*Abb. 194, 195* und *198*). Z.B. hält der hl. Nikolaus, wenn es sich um den von Sarajsk handelt, immer ein geschlossenes Buch in der Hand. Wenn Nikolaus bei einer anderen Gelegenheit ein offenes Buch trägt, lautet der Text: »Und er stieg mit ihnen den Berg hinab. In der Ebene blieb er mit einer großen Schar seiner Jünger stehen, und viele Menschen aus ganz Judäa und Jerusalem und dem Küstengebiet von Tyros und Sidon strömten herbei.« (Lukas 6,17)
Auf griechischen Ikonen kann Nikolaus folgender Text zugeordnet werden: »Der Herr spricht: Ich bin der gute Hirte, der gute Hirte läßt sein Leben für seine Schafe.« (Johannes 10,11)
Wenn die Evangelisten ihre Bücher abfassen, halten sie das Buch mit der bloßen Hand. Der Text des Buches ist im allgemeinen der Beginn des Evangeliums, das den Namen des Evangelisten trägt. *Abb. 199* stammt von einer Matthäus-Ikone, und der griechische Anfangstext lautet: »Stammbaum Jesu Christi, des Sohnes Davids . . .«
Auch andere Heilige halten oft eine geöffnete oder geschlossene Schriftrolle in der Hand. Die geöffnete Rolle zeigt meist als Text ein Wort des Heiligen. So liest man bei den Propheten häufig eines ihrer Worte der Vorankündigung Christi oder der Gottesmutter. *Abb. 200* bringt einen Text des Propheten Habakuk: »Der Herr kommt von Süden her, der Heilige kommt vom Gebirge.« (Habakuk 3,3; hier die kirchenslawische Fassung) Auf *Abb. 201* ist ein

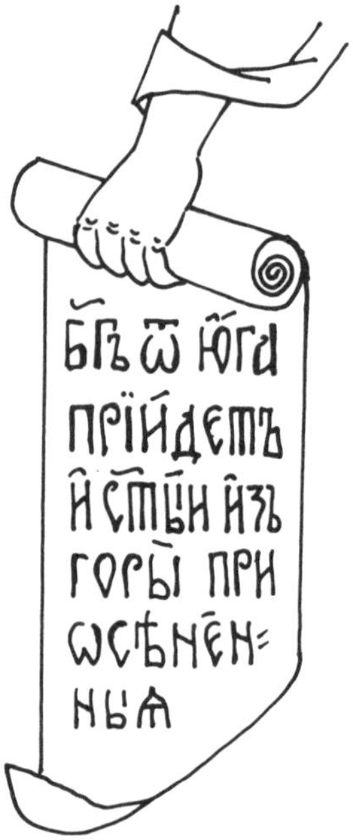

Abb. 200

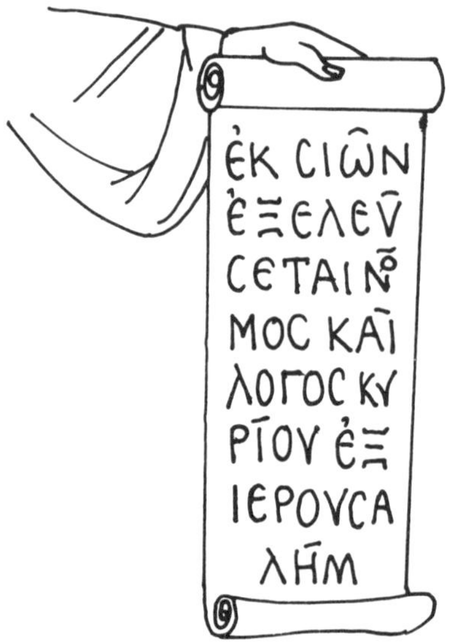

Abb. 201

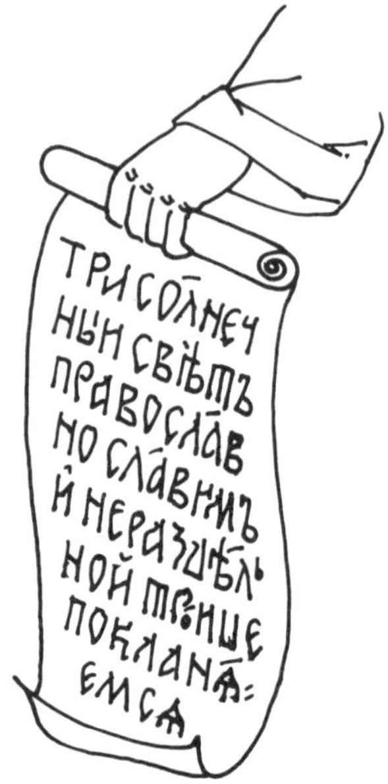

Abb. 202

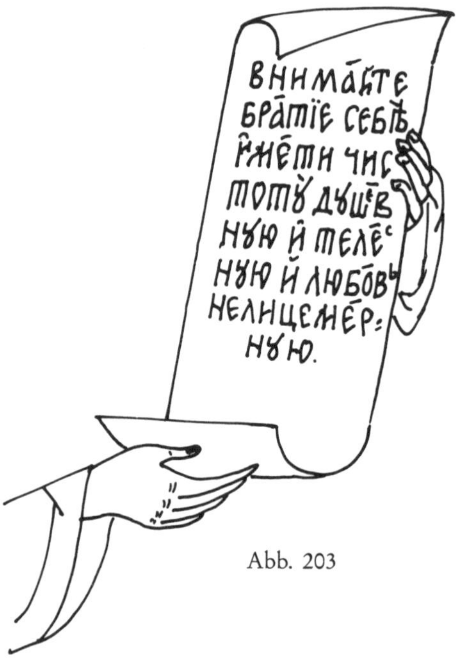

Abb. 203

Text des Propheten Jesaja zu lesen (griechisch): »Von Sion nimmt das Gesetz seinen Ursprung, das Wort des Herrn geht aus von Jerusalem.«

Bei den Mönchen finden wir auf der Schriftrolle nicht selten einen Lehrsatz oder ein Bekenntnis. Auf *Abb. 202,* einer Ikone der Heiligen Sergej und Herman von Valamo, lautet der Text des Herman (kirchenslawisch): »Im rechten Glauben preisen wir das dreifaltige Licht der Sonne, und die ungeteilte Dreifaltigkeit bewundern wir.« Bei Sergej von Radonesch findet sich wiederholt folgender Text (kirchenslawisch; *Abb. 203*): »Tragt Sorge, Brüder, um euch selbst, daß ihr an Körper und Seele rein seid und voll aufrichtiger Liebe.«

Verschiedenes

Abb. 204 stammt von einer zwischen 1560 und 1570 gemalten Ikone, in deren Mitte Zosima und Sawwati vor dem von ihnen gegründeten Solowki-Kloster stehen. Um die Ikone herum sammeln sich kleine Randikonen, die von der Geschichte und dem Wirken des Klosters erzählen. Den Lebensunterhalt bestritt das Kloster u.a. mit Salzgewinnung durch Einkochen von Meerwasser. Hiervon wird auf einer der Seitenikonen recht detailliert berichtet: ein Mönch schüttet in eine aus Holz gefertigte Rinne Wasser, während ein zweiter das Wasser über dem Feuer umrührt. Der rechte Mönch wird mit ZO (für »Zosima«) bezeichnet, und der linke mit HE (für »Herman«).

Abb. 205 wurde von einer Ikone des Alexander von Swer aus dem Jahre 1592 genommen. Auf einem Randbild ist eine Wassermühle zu sehen, die für den Unterhalt der Klöster von großer Bedeutung war. Die *Abb. 206–213* stellen Randornamente dar, die der Ikonenmaler nutzen

Abb. 204

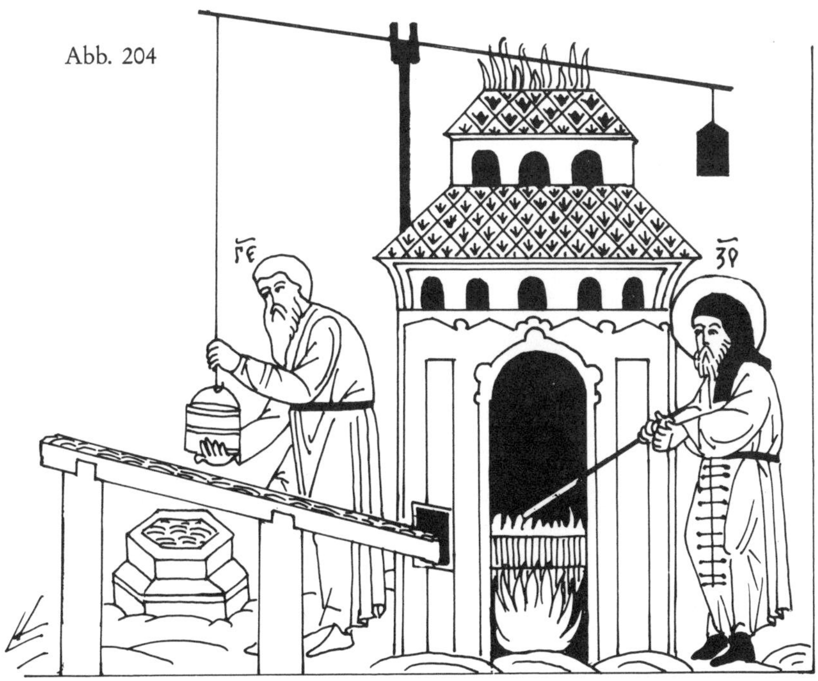

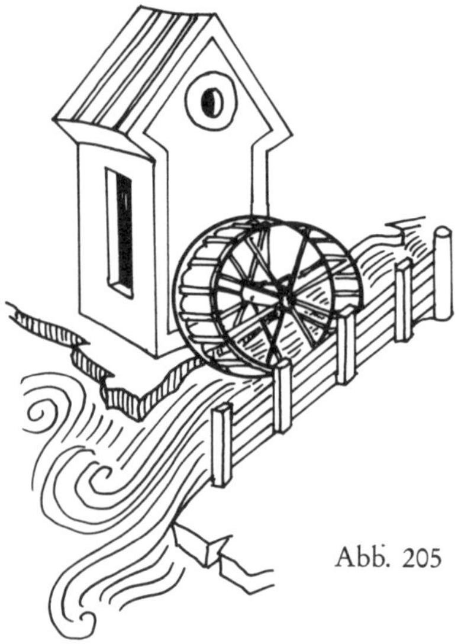

Abb. 205

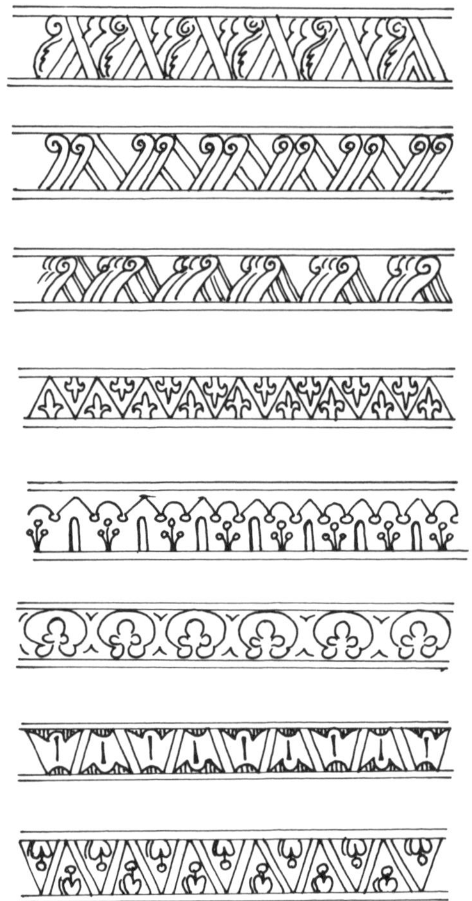

Abb. 206–213

kann, um Kirchen, Städte, Mauern usw. zu verzieren, die *Abb. 214–229* Zierelemente für fensterlose Wandflächen; *Abb. 230–233* dienen als Schmuck einzelner kleinerer Gegenstände, aber auch für Mauern.

Abb. 234 und *235* schließlich geben zwei verschiedene Möglichkeiten wieder, den Waschtrog im unteren Teil der Weihnachtsikone zu malen, in dem die Frauen das gerade geborene Jesuskind baden.

Abb. 214–219

Abb. 220–233

Abb. 234

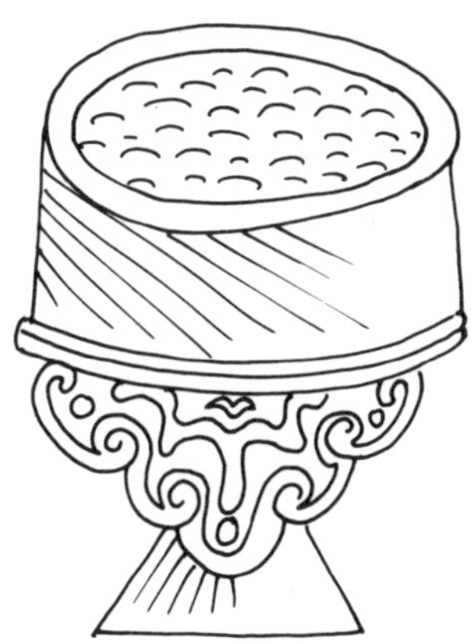

Abb. 235

Anmerkungen

1 Farbbild in: Novgorod Icons 12th - 17th Century, Leningrad 1980, Abb. 165 - 167.

2 »Nicolaus«, in: Rivista de Teologia Ecumenico-Patristica Anno VII, Fasc. 2 (1979).

3 »Stavronikita Monastery«, National Bank of Greece, 1979, S. 218.

4 Farbbild in: Desanka Miloschewitsch, Die Heiligen Serbiens, Recklinghausen 1968, S. 73.

5 Sammlung Dr. S. Amberg, Kölliken (Schweiz).

6 Farbbild in: Ikonenmuseum Recklinghausen, 1968, Abb. 292.

7 Farbbild in: Ikon. Sammlung Wijenburg, Recklinghausen 1980, Nr. 81.

8 S. Maslenizin, Pisal Semen Spiridonow, Moskau 1980 (russ.). Hier findet man eine Reihe von Ikonen der Handschrift Spiridonows.

9 Wie Anm. 1, Abb. 99.

10 Die Ikone befindet sich im Andrej-Rubljow-Museum in Moskau.

11 Siehe die apokryphen Evangelien.

12 Dies ist ein Kryptogramm, ein Geheimzeichen. Die Buchstaben des griechischen Wortes Fisch bilden die Abkürzung von: »Jesus Christus, Sohn Gottes, Erlöser«.

13 Einige farbige Wiedergaben in: Paul Huber, Bild und Botschaft, Zürich 1973.

14 In: Architektonische und künstlerische Denkmäler des Solowkj-Gebietes, Moskau 1980 (russ.), S. 274.

15 Farbbild in: wie Anm. 1, Abb. 142.

16 Farbbild in: G. W. Popow, Miniaturen und Ikonen Moskaus, Moskau 1975 (russ.), S. 179 und S. 180.

17 Farbbild im Nationalmuseum Ikoner, NMI 296.

18 Diese Ikone befindet sich im Ikonenmuseum Recklinghausen.

19 Viele Abbildungen zu dieser Legende finden sich in dem Artikel »Nicolaus« (wie Anm. 2).

20 Björn Landström, Laiva, Helsinki 1961, Zeichnung Nr. 362.